講義再現版 第**6**版
伊藤真［著］

伊藤真の
刑事訴訟法入門

The Guide to Criminal Procedure
by Makoto Itoh.
The sixth edition

日本評論社

第6版　はしがき

　『伊藤真の刑事訴訟法入門』は、1998年の初版刊行以来、改訂しながら版を重ね、今回更に第6版として刊行することになりました。

　前回のリニューアル改訂版（第5版）を刊行した2016年7月以降、刑事訴訟法に関連して、次のような改正がなされました。

- ・2022年刑法改正（2022年6月13日成立。拘禁刑の創設、侮辱罪の厳罰化等）
- ・2023年刑事訴訟法改正（2023年5月10日成立。保釈や勾留の執行関係（監督者制度やGPS装着規定の創設等）、被害者等の情報保護措置等、刑法について逃走罪の主体の変更等）
- ・2023年刑法及び刑事訴訟法改正（2023年6月16日成立。性犯罪についての刑法改正。刑事訴訟法において、性犯罪について公訴時効期間の延長、ビデオリンク方式や情報秘匿等のための条文番号変更及び聴取結果記録媒体の証拠能力の特則についての新設等）

　以上のうち、拘禁刑の創設については、2025年6月1日に施行されます。また、本書のコラムに取りあげた保釈や勾留の執行に関する改正の一部については、2028年5月16日までに施行されるため、それまでは本書に記載した手続とは異なります。

　また、本書は刑事訴訟法の概略を理解してもらい、刑事訴訟法という法律をより深く学習するための指針となるために著したものですから、上記各改正のすべてに触れたものではありませんが、未施行部分を含めて必要な限度で反映させています。

本書をきっかけに、刑事訴訟法に親しみを感じていただき、刑事訴訟法を学ぶ楽しさに気づいていただければ幸いです。

　そして、更に刑事訴訟法の運用を知りたいと思ったら、判例集を読むことをお薦めします。拙著となりますが、『伊藤真の判例シリーズ』（弘文堂）は、事案の概要や経緯ばかりでなく、学習のポイントを掲載しているので、理解の助けとなることでしょう。

　さらに、法律学習のおもしろさを感じながら法律を身につけ、法を身近なものに感じることができるようになることを願っています。

　では、早速授業を始めます。

　2024年11月

伊藤　真

伊藤塾ホームページ

……はじめに

　いよいよ、刑事訴訟法です。この入門シリーズの6科目目となります。

　刑事訴訟法の世界は、たぶん多くの皆さんにとって、法律の中でももっともなじみがあるものではないでしょうか。小説、テレビ、映画、ドラマなどでは頻繁に捜査や刑事裁判の場面が登場します。しかし、こうした普段私たちが触れる情報から正確に刑事訴訟法の手続をイメージすることはそう簡単ではありません。かえって、妙な先入観が邪魔をすることもあります。これからの勉強ではこうした皆さんのイメージを大切にしつつ、それらから自由になって考えてみてください。

　刑事訴訟法のテーマ自体はきわめて単純であり、明確です。犯罪者を処罰する手続というものです。しかし、悪いことをしたやつは絶対に処罰するぞという考え方と無罪の者は絶対に処罰しないぞという考え方は似ていますが、まったく異なった発想に基づいています。刑事訴訟自体が、そもそも人間が人間を裁くことなどできるのかという哲学的な問題を内に含んでいますから、考え方がいろいろに分かれることもまた当然なのです。本来なら神様がやるべきようなことを人間がやらざるをえないのが刑事裁判です。そして、犯罪者なのになぜ弁護士をつけるのかとか、疑わしいのになぜ釈放してしまうのかなどの素朴な疑問をもつのも、刑事訴訟法の特徴です。これらの素朴な疑問に答えられるようにすることもこの法律を学ぶ目的のひとつです。

　刑事訴訟の世界は、最終的には人が死刑になる可能性のある手続であり、生命・身体というきわめて重要な人権の侵害を招く可能性のある世界です。他方で、犯罪者は他人の生命・身体・財産など重要な人権を不当に侵害した者たちです。これらの者によって侵害された被害者のことも考えなけれ

iii

ばなりません。将来の被害者、つまり社会の安全ということも視野に入れなければならないこともあるでしょう。つまり、刑事訴訟法においては、公共の福祉の維持と個人の基本的人権の保障とが強く要請されるのです。考え方の違いで学者の先生方の意見も厳しく対立することがあります。それは刑法と同様で、ある意味では当然のことです。

　したがって、刑事訴訟に携わる法律家は、まさに人権保障を担う法律家として、真価が問われることになるのです。これは裁判官、検察官、弁護士、どの立場でも同じです。法律家をめざす方にとっては、刑事訴訟法はきわめて重要な意義をもっていることを自覚しておいてください。

　このように、刑事訴訟法では人権をめぐっての議論が盛んに展開されます。つまり、刑事訴訟法は憲法の延長線上にあるのです。憲法を人権保障の体系として理解すべきことはすでに学習してきました。このような点から、刑事訴訟法は応用憲法とよばれることがあります。

　刑事訴訟法の議論で解決できないような問題が生じたときには、常に憲法に戻って考えるクセをつけることが大切です。

　もう１つ、刑事訴訟法を考えていく上での注意点を述べておきます。

　それは、実体法に対して現実的なシステムとしての法であるという点です。訴訟法の世界では、証明できなければ「存在しないもの」として扱わなければなりません。これは、ある意味では割り切りです。このように現実的な割り切りが必要な場面も多々あります。

　刑法という実体法の世界では犯罪成立要件と効果を検討していきますが、要件がすべて満たされることを前提にしています。しかし、実際にはその要件が満たされるのかどうかわからないこともあります。人間が訴訟を行うのですから、現実という壁が立ちはだかるのです。神様が裁判するのなら刑法だけでいいのかもしれません。しかし、何もわからない人間が行うのですから、そこではいろいろな不都合が出てきます。しかし、それを乗

り越えて結論まで到達しなければならないのです。「よくわかりませんでした」という判決はだせません。理念や理想だけでは解決できない場面が多くあるのです。では、実際にどうするのかという問題を解決できなければ意味がありません。

　しかも、犯罪をするのも捜査するのも判断するのも生身の人間です。絶対に過ちを犯さない保証はどこにもありません。犯人でないにもかかわらずウソの自白をするかもしれない。そんなばかなと思うようなことをするのが人間です。捜査官も捜査熱心のあまりまわりが見えなくなってしまうかもしれません。さらに、裁判官も自分が目の前で見たことでもないにもかかわらず、有罪無罪を判断しなければならないのですから、相当なプレッシャーのもとで仕事をすることになります。常に公平な判断ができる保証はどこにもありません。こうした人間という不完全な生き物が人を裁くのですから、いかに人間の不完全さを刑事訴訟というシステム（制度）によって補うかの工夫が必要なのです。それが人類の英知として今日まで続いているさまざまな原理原則です。刑事訴訟法を理解するにはこうした人間の不完全さとシステムの関係を知った上で原理原則の意味を学習していくことが重要です。

勉強の仕方

手続法なので繰り返しが重要

　刑事訴訟法は手続を問題にしますから、時間の流れを意識しなければなりません。刑法など実体法では、その瞬間に要件を満たしているかを検討すれば足りるのですが、手続法では、時間の流れとともに事実関係が変わってくることがあります。はじめの頃の話が後のほうに影響したりすることはしょっちゅうです。適法・違法も途中で変わってくる可能性すらあります。

はじめに……v

ですから、手続法としての刑事訴訟法の勉強はできるだけ早く全体像を
つかむことが大切です。刑事手続においては、手続の最後のほうを意識し
てはじめのほうで布石を打っておくことなどもあるからです。
　そして、一度最後まで目を通したら、全体を何度も見直して手続全体を
一体のものとして意識できるようにすることが重要です。このように手続
の大きな流れを常に意識して勉強すれば、これから更に発展的な勉強をす
る際もきわめて効果的に学習できるはずです。

条文に慣れる

　刑事訴訟法のような手続法はまさに手続を条文で規定しているものです
から、試験対策という観点でみた場合、どこにどんな条文があるのかをし
っかりと意識してこれを自在に引けるようにしておかなければなりません。
そのためには出てくるたびにめんどうがらずに何度も条文にあたりマーク
をつけることです。すると重要な条文は何度も登場することがわかると思
います。また、ある程度勉強が進んだら、マークしてある条文を最初から
通読してみるといいでしょう。どこで使った条文かが思い出せればより勉
強になります。

理論と現実のギャップを知る

　刑事訴訟法は、かなり理論的な理念と現実の運用が違ってきている法律
です。刑事訴訟法自体は新憲法のもと人権保障を最大限の要請としている
のですが、そればかりでは世の中の治安が維持できないのではないかとい
う現実があるのです。というのは、刑事訴訟法が実現しようとしている刑
法は明治時代からのもので、犯人の心の中の状態を重視するようなドイツ
の刑法体系をベースにしています。これに対して、刑事訴訟法は新憲法の
もと、アメリカの手続法の影響を受けていて、あまり犯人の取調べを重視

しないような考え方になっています。そこで、実際に日本の刑法のもとで真犯人を有罪にするには本人に自白してもらわなければならない、どうしても犯人の取調べを重視せざるをえないという現実があります。

このギャップをいかに解釈によって適切に埋めていくかが重要な課題となっています。

そこで、実際の運用を知る上では判例の学習が不可欠です。本書で手続の概略を理解したら判例集などを使って実際の運用と実務のイメージをもつように努めてください。

民事訴訟法との比較

民事訴訟法を学んだ方は民訴と刑訴の違いを意識しながら勉強すると効率的です。民訴では、現在の権利関係を明らかにしようとします。これに対して刑訴では過去の事実を明らかにします。そして、最終的な目的も、民訴では紛争解決であるのに対して、刑訴では人権保障の枠内での真実発見です。こうした大きな違いを意識しながら勉強していくとより訴訟法が面白く感じていただけることと思います。

それでは、頑張っていきましょう。

1998年8月

伊藤　真

はじめに……vii

伊藤真の刑事訴訟法入門
第6版

●

目　次

はじめに

第1章…序論

Ⅰ 刑事訴訟法とは何か………2

❶刑法を実現するための手続………2

❷公判手続………15

❸公判のための捜査手続………16

❹上訴・執行段階………17

コラム 裁判員制度………18

第2章…捜査

Ⅰ 捜査の端緒………22

❶捜査の端緒とは………22

❷職務質問………27

コラム 所持品検査………30

Ⅱ 捜査の開始………34

❶任意捜査の原則………34

❷強制処分法定主義・令状主義………36

❸強制捜査の種類………38

❹被疑者の逃亡の防止・罪証隠滅の防止のための
強制処分………38

　　　　⑴　逮捕………**39**
　　　　⑵　勾留………**45**
　　　　コラム　公判期日等への出頭及び裁判の執行の確保のための令和
　　　　　　　　５年改正………**50**
　　　　⑶　逮捕・勾留に関する原則──事件単位の原則………**51**
　　　　⑷　逮捕・勾留に関する問題点
　　　　　　　──いわゆる別件逮捕・勾留………**54**
　　　　⑸　証拠の採取のための強制処分（証拠の収集）………**56**
　　　　⑹　供述を得るための捜査………**61**
　　　　コラム　通信傍受法………**62**
　　　　コラム　取調べの可視化………**70**

Ⅲ　　不当な捜査に対する被疑者の防御………**71**

　　❶総論………**71**

　　❷被疑者の不当な捜査処分を積極的に争う権利………**71**

　　❸弁護人の助力を得る権利………**74**

　　　　⑴　弁護人選任権・接見交通権………**74**
　　　　⑵　国選弁護人選任権………**79**

第３章…**公訴の提起**

Ⅰ　　誰が公訴の提起をするのか………**86**

　　❶国家起訴独占主義………**86**

Ⅱ　　どのような場合に公訴を提起するのか………**89**

　　❶起訴便宜主義………**89**

　　❷訴訟条件と刑事訴訟の裁判………**94**

目次……xi

⑴ 実体裁判………**94**
⑵ 形式裁判………**94**
コラム　公訴時効………**99**

❸不当起訴・不当不起訴に対する対策………**101**

Ⅲ　どのようにして公訴を提起するのか………**107**

❶起訴状一本主義………**107**

❷起訴状に記載される項目………**110**

コラム　犯罪被害者等の情報の保護のための令和5年改正
………**120**

第4章…**公判手続**

Ⅰ　概説………**124**

❶第一審公判手続………**125**

⑴ 冒頭手続………**125**
⑵ 証拠調べ手続………**127**
⑶ 弁論手続………**128**
⑷ 実際の運用………**129**
コラム　迅速な裁判──高田事件………**131**

Ⅱ　審判の対象………**132**

❶何を立証するのか（審判の対象は何か）………**132**

❷立証の結果、食い違ってきたらどうするか………**135**

⑴ 訴因変更制度………**135**
⑵ 訴因変更の可否………**137**
⑶「公訴事実の同一性を害しない程度」………**140**

xii

⑷ 訴因変更の要否⋯⋯⋯ **143**

Ⅲ　証明と認定⋯⋯⋯**145**

❶どのような事実をどのような証拠で立証するか⋯⋯⋯**145**

⑴ 証拠裁判主義⋯⋯⋯**145**
⑵ 厳格な証明⋯⋯⋯**146**
コラム　違法に収集された証拠⋯⋯⋯**148**
コラム　自白⋯⋯⋯**152**
⑶ 厳格な証明の対象⋯⋯⋯**155**

❷誰が立証するのか（挙証責任論）⋯⋯⋯**158**

⑴ 公判手続の登場人物⋯⋯⋯**158**
⑵ 挙証責任論⋯⋯⋯**159**
⑶ どのように立証するのか（公判中心主義）⋯⋯⋯**161**
コラム　司法取引等の平成28年改正⋯⋯⋯**162**

❸誰がどのようにして認定するのか⋯⋯⋯**164**

⑴ 立証の程度⋯⋯⋯**164**
⑵ 自由心証主義⋯⋯⋯**166**
⑶ 自由心証主義のもとでの合理性の担保⋯⋯⋯**168**

第5章⋯**裁判**

Ⅰ　裁判の意義と種類⋯⋯⋯**174**

❶形式による区別⋯⋯⋯**175**

❷終局裁判と終局前の裁判⋯⋯⋯**175**

❸実体裁判と形式裁判⋯⋯⋯**176**

Ⅱ　裁判の成立⋯⋯⋯**177**

Ⅲ 裁判の効力………178

Ⅳ 救済手続………182
  コラム　DNA 型鑑定とえん罪………185

Ⅴ 裁判の執行………186

Ⅵ 被害者の保護………187
  ❶被害者の証人としての地位の保護………187
  ❷告訴期間の改正………188
  ❸被害者の手続参加………188
    コラム　被害者参加制度………189
  ❹犯罪被害者等証人を保護するための措置………190
  ❺個人特定事項の秘匿措置………190
  ❻公訴時効期間の延長………191

第 6 章…**まとめ**………193

第1章
序論

Ⅰ 刑事訴訟法とはなにか

それでは、これから刑事訴訟法のお話をします。

　刑事訴訟法は、民事訴訟法と同様に手続法です。できるだけ何度も何度も手続の流れを繰り返し勉強することが大事です。手続の流れを勉強するときに、刑事訴訟法と民事訴訟法の両方を勉強すると両者の違いがよくわかります。

　また、共通している部分は重なりあって理解していくことができます。

I　刑事訴訟法とは何か

❶刑法を実現するための手続

　刑事訴訟法とは何かというと、「刑法を実現するための法」です。刑法を実現するための手続を定めた法律が刑事訴訟法というわけです。刑法を実現するということは、結局、犯罪を確定した上で刑罰を科していくということです。

　たとえば、刑法199条をみましょう。

> ▶▶▶**刑法第199条**
> 　**人を殺した者は、死刑又は無期若しくは5年以上の拘禁刑に処する。**

　これだけでは、誰がどんな方法で、ある者が人を殺したと認定して刑罰を科すのかが明らかになりません。いきなり、刑事がやってきて「おまえは人を殺しただろう、だから拘禁刑に処す」と言って、言い訳も聞かず、刑務所に連れて行ったのではたまりません。

　たしかに、刑罰権の実現は、犯罪から社会を守るために不可欠ですし、そのためには、草の根を分けても犯人を捜し出し処罰をする、ということも必要です。

　しかし、刑罰権の行使は、国家による人権侵害の最たるものですから、

2……第1章　序論

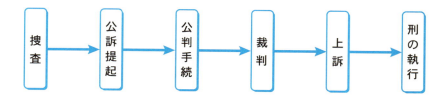

間違っても、無実の人が罰せられるようなことがあってはなりません。たとえ、10人の犯罪者を処罰できたとしても、そのために無実の者が1人でも処罰されたのでは、国民は自分が犯罪を犯さなくても、間違って処罰されはしないだろうかと不安な生活を強いられ、健全な市民社会は築かれないからです。

　刑罰を科すのかどうか、どういう刑罰を科すのかどうかを決める手続について定めるのが、刑事訴訟法というわけです。

　刑事訴訟法の手続の流れはどのようなものかというと、一番最後のまとめ（189頁以下）も参照してもらいたいと思いますが、まずは上の図をみてください。

　刑事訴訟法の全体像を見ておきます。まず、捜査です。捜査とは、捜査機関が犯罪が発生したと考えるときに、公訴の提起・遂行のため犯人を発見・保全し、証拠を収集・確保する行為をいいます。捜査の定義はまだわかりにくいと思いますが、犯人を発見したり、証拠を集めたりしていくのが捜査というわけです。

　そして、その捜査の段階が終わると公訴提起です。これは起訴ともいいます。裁判所に対して訴えが提起されることになります。誰が訴えるのかというと検察官が訴えます。検察官には公訴権というものが独占的に与えられています。日本の刑事訴訟法では検察官が訴えを提起するという仕組みになっているのです。

　そのときどのようにするのかというと、検察官が起訴状という書面を提

Ⅰ　刑事訴訟法とは何か……3

出して訴えを提起するわけです。

　そして、検察官が裁判所に訴えを提起すると公判手続ということになるわけです。公判手続というのは、実際に裁判をしていく際の手続の流れと思ってかまいません。この公判手続で、審判の対象は何かというと、それは訴因とよばれているものです。訴因とは、検察官の主張する具体的事実です。いつ、どこで、誰が、何をしたか、という事実を公判手続で証明していくことになります。ですから、刑事訴訟法では、審判の対象は何かといわれれば、訴因、つまり検察官の主張する具体的事実が審判の対象ということになるのです。

　民事訴訟法では、審判の対象（訴訟物）は権利でした。具体的には私法上の権利です。これに対し、刑事訴訟法では、検察官の主張する具体的事実、要するに、いつ、どこで、誰が、何をしたか、という事実の有無が、まさに審判の対象となるわけです。

　実際には審判の対象を決めて、それを証明していきます。証拠に基づいて証明していくのです。それが公判手続の段階です。その公判手続の段階が終わると最後に裁判という段階になります。そこでは、裁判の種類とか効力とかが問題となります。

　裁判で一応判決がでるわけですけれども、判決に不服があれば救済手続として上訴、確定してしまった後の非常救済手続として再審とか非常上告、といったものがあります。

　最後に、裁判の執行という部分になるのですが、この執行の部分については、刑事訴訟法という科目ではなく、刑事政策で勉強することになります。

　ですから、刑事訴訟法で勉強する範囲は、捜査、公訴提起、公判手続、裁判、救済手続までと思っておいてください。なかでも重要なのは、捜査、公訴提起、公判手続、そして裁判の部分になります。

4……第1章　序論

民事訴訟法の場合には、訴えを提起した後の話ばかりでした。民事訴訟法では訴えを提起してそれが口頭弁論期日でどのようになっていくのか、最終的にそれが判決なり、当事者の意思なりによって終結していくという話の流れでした。

　これに対して、刑事訴訟法の場合には、公訴提起の前に捜査という部分があるのです。その代わり、民事訴訟法で勉強した複雑訴訟のようなめんどうなことはありません。ですから、割と手続としてはシンプルなのです。捜査して公訴提起して公判手続して、判決がでるという、そういう一連の流れを勉強していくことになります。そして、刑法という実体法を実現するための手続の流れを見ていくことになります。

　明治憲法から日本国憲法になった際に、憲法31条以下のところにかなり詳しく刑事手続に関する条文が規定されました。憲法31条、１つ飛んで、33条から39条まで刑事手続に関する詳しい内容の条文が規定されました。

▶▶▶憲法第31条
　何人も、法律の定める手続によらなければ、その生命若しくは自由を奪はれ、又はその他の刑罰を科せられない。

これに基づいて刑事訴訟法も大改正されて、現在の刑事訴訟法ができあがったわけです。

　ですから、条文は、非常に読みやすくわかりやすいものになっています。

　さて、以上のようなおおまかな刑事訴訟法の流れというものを頭に入れておいてもらい、刑事訴訟法の目的とは何だろうということをお話します。

　刑事訴訟法の１条をみてください。

▶▶▶第１条
　この法律は、刑事事件につき、公共の福祉の維持と個人の基本的人権の保障とを全うしつつ、事案の真相を明らかにし、刑罰法令を適正且つ迅速に適用実現することを目的とする。

この法律の目的がはっきり書いてあります。刑事訴訟法は、1条にその目的が書いてあることを知っておいてください。

　1条には、「この法律は、刑事事件につき、公共の福祉の維持と個人の基本的人権の保障とを全うしつつ、事案の真相を明らかにし、刑罰法令を適正且つ迅速に適用実現することを目的とする」と書いてあります。まず、最後の「刑罰法令を適正且つ迅速に適用実現することを目的とする」これは当然です。

　「刑罰法令を適正且つ迅速に適用実現」していくのだけれど、どのように刑罰法令を適用実現していくのかというのがこの前半部分に書いてあります。そこには「個人の基本的人権」を全うしつつ、「事案の真相を明らかに」するという2つのことを行いながら、刑罰法令を適用・実現するということをいっています。事案の真相を明らかにするということは真実を発見するということです。ですから、刑事訴訟法というのは人権保障を図りながら、真実を発見していく、それが刑事訴訟法の実質的な目的となるわけです。

　真実発見をめざしつつも、不当な人権侵害がないように、適正に刑罰権を行使するための手続を定める法律として刑事訴訟法が存在するということになるのです。

　①「真実の発見を目指し」、②「不当な人権侵害がないように」、③「適正に刑罰権を行使するための手続」というこの3つの要素が刑事訴訟法の目的ということになります。

　特に、最初の2つが重要です。「真実発見」と「人権侵害のないようにすること」が刑事訴訟法の実質的な目的です。

　さらに、刑事訴訟法の目的というのは、憲法31条にも明記されています。「何人も、法律の定める手続によらなければ、その生命若しくは自由を奪はれ、又はその他の刑罰を科せられない」という憲法31条の規定は "due

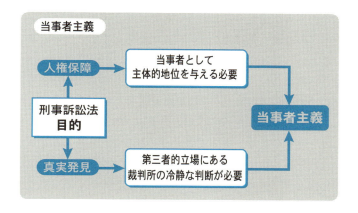

process of law"とか、適正手続といいます。

　このように、一定の手続によらなければ刑罰を科せられない、ということを受けて1条が定められているということになるわけです。つまり、真実発見と人権保障とが、刑事訴訟法を貫く大きな柱といってよいでしょう。

　したがって、これから勉強していくときに刑事訴訟の世界では、真実発見と人権保障、この2つの調整、調和をいかに図っていくかということが、重要な目的であると思っておいてください。

　刑罰法令の適正かつ迅速な適用・実現、これはいわば手続法であれば当然の目的です。それをどのように図るかというと、真実発見と人権保障の調和を図りながら、適用・実現していくということになるわけです。ここでいう真実発見とは、実体的な真実です。ここは、民事訴訟法とは違います。民事訴訟法は、紛争解決が目的ですから、当事者が納得すればそれでよいわけです。本当に真実でなくてもよいのです。形式的真実主義という言葉があったと思います。民事訴訟法の場合であれば、真実を発見することが目的ではなくて、紛争解決が目的だったわけです。

　ところが、刑事訴訟法では、やはり真犯人がだれなのか、実際どうだっ

たのか、その真実を発見するということ、つまり実体的真実というのですが、その本当の意味、絶対的な意味の真実を発見することが、まず1つの目的であるということです。

それは言い換えれば、真犯人を見つけだし、その真犯人をきちんと処罰することにつながりますから、「処罰の確保」というふうに考えてもかまいません。真犯人をつき止めて必ず処罰する、処罰の確保という要請がはたらくわけです。やはり、真犯人を見つけた上で、きちんと適正な処罰を科すということをしないと、刑法を定めた意味がなくなってしまいます。このように、まず、真犯人を処罰するということが、いわば真実発見という要請の裏にある事柄なのです。

他方で、人権保障も確保されなければなりません。これは、不当な人権侵害をしないようにするということです。不当な人権侵害の最たるものは、無実の者を罰してしまうということです。ですから、絶対に無実の者を罰することがないようにしなくてはならないということが人権保障の内容です。この人権保障という言葉をここでは手続保障ということもあります。刑事手続を保障することによって、人権保障を図っていくことになるわけです。

そして、この手続保障を要請しているのが憲法31条ということになります。憲法31条の手続保障ということの具体的な意味というのは、たった1人でも無実の者を誤って処罰してはいけないということです。

このように、人権保障という要請からは、誤って無実の者を処罰してはならないということが導きだされます。

他方、真実発見という要請からは悪いことをやった真犯人は必ずつき止めて必ず処罰すべきだという要請がはたらくわけです。この2つの要請はどちらも当たり前のことなのですが、場合によってはぶつかりあいます。どちらも譲らずという場面が出てくるわけです。そのときに私たちとして

は、刑事訴訟法を真実発見に重点をおいて考えるべきか、それとも人権保障に重点をおいて考えるべきかという選択を迫られることになります。

たとえば、たった1人でも無実の者を処罰してはならないという意味で、無罪の推定という言葉があります。「疑わしきは被告人の利益に」という言葉は、たぶん聞いたことがあるのではないかと思います。実際に裁判をやってみてどうも犯人かどうかわからない場合、つまり疑わしいときはこれを罰せずというふうに考えていくのです。それはきちんとした証拠に基づいてこの人が犯人ということが誰が見ても疑わないくらいの証明がなされないかぎり、罰するのは許されないということです。人権保障の観点から、許されないというふうに考えるわけです。したがって、証拠に基づいて誰が見ても疑いのないくらい証明することを要求することは、真実を発見する、悪いことをやった人を処罰しようという要請と正面からぶつかる場合もあります。

たとえば、抽象的な事例ですが、10人の極悪犯人が捕まったとします。その人たちはみんな殺人とか、強盗とか、放火とか、不同意性交等とか、とんでもない犯罪ばかりやったと疑われている人たちです。けれども、よく調べてみたらその中に1人だけまったく無実の者が紛れこんでいました。9人は凶悪犯人なのですけれども、1人だけ無実です。しかし、誰が無実の1人なのかはわからないという状況です。その無実の1人が誰なのかわからないという状況のときに、裁判所はどういう判断をするべきなのでしょうか。

そのときに裁判所としては、1人でも無実の者を処罰してはならないという人権保障を重視していけばこれは全員無罪としなければなりません。それはすなわち9人の凶悪犯人を処罰しないということになります。すなわち、真実発見とか適正な処罰の確保ということはできないことになってしまうわけです。

I　刑事訴訟法とは何か……9

逆に、凶悪犯人を必ず処罰しようとするならば、10人とも有罪ということになるでしょう。しかし、10人とも有罪としてしまったら、その中の1人の無実の者も処罰されることになり、その人の人権保障はどこにいってしまうんだろうかということになるわけです。

　9人と1人ぐらいだったら何とかその1人を助けなきゃいけないと思うかもしれませんが、これが999人の凶悪犯人とたった1人の無実の者とか9999人の凶悪犯人とたった1人の無実の者というような事例となると、9999人の凶悪犯人が無罪となって社会に戻ってきてしまうわけです。社会を混乱させたり、今日また凶悪犯罪を犯してしまうかもしれません。本来ならば、死刑なり無期拘禁刑なりになるような9999人の凶悪犯人がたった1人の無実の人を救うために社会に戻ってきてしまってもかまわないという価値判断と意思決定ができるかということです。そういう、ぎりぎりの場面のところにおいて、人権保障と真実発見というものがぶつかりあうのだということになるのです。

　どちらもたしかに重要な要請です。9999人の凶悪犯人を処罰したいがために1人の人を犠牲にするというのはどういう考え方かというと、まさに社会の治安維持などの目的のために1人の個人が犠牲になることを容認することを意味しています。

　しかし、社会全体のために1人の個人を犠牲にするということは、まさに憲法13条の個人の尊重という趣旨に反することになるのです。憲法13条はたった1人の個人であっても社会の犠牲になってはならないという考え方です。個人が社会のためにあるのではなくて、社会が個人のためにあるわけですから、どんな凶悪犯人が社会に戻ってきて大混乱になってしまうとしても、それを防ぐために無罪である1人の人を有罪にするわけにはいかないという価値判断が実は憲法の価値判断なのです。そしてそのような個人の尊重という憲法の価値観に基づいて刑事訴訟法という法律ができあ

10……第1章　序論

がっているわけですから、今言ったようなぎりぎりの場面では適正手続を重視するという意思決定をすることになります。それが憲法の価値観ですし、憲法を具体化した刑事訴訟法の価値判断だからです。

　それは、社会としては非常に痛手を被ることになります。しかし、それは個人を大切にする、1人ひとりを人間として大切にするという憲法の発想からすればやむをえないことではないかということなのです。

　また、凶悪犯人を捕まえないと社会が大混乱になってしまうときに、とにかくどんな手続でもいいから捕まえて、自白させて、そして有罪にもち込もうという発想もやはり人権保障という憲法の理念からすればちょっと違うぞということになるわけです。

　また後でもお話しますが、オウム事件（1995年）のときに警察が行った別件逮捕などのさまざまな手続は、本来の憲法の理念、そして刑事訴訟法の趣旨からすると、かなり問題があったわけです。ですから、この真実発見と人権保障とは場合によって緊張関係に立つことがあるのだということはわかっておいてください。

　これも後でまたお話しますが、たとえば、警察官の職務質問・所持品検査の場合でみてみましょう。警察官がちょっと顔つきの怪しい人などを呼び止めて職務質問したとします。そうしたら、この人はどうもおかしいとわかったとします。具体的にはこの人はちょっとクスリ・覚醒剤を使用しているのではないかと思ったものですから、そこで、「そのポケットの中を見せてくれないか」と言ったとします。ところが、その人が「嫌だ」と答えたものだから、「嫌だじゃないだろ、その中を出してみろ」と言って無理矢理ポケットの中に手を突っ込んでその中のものを警察官が出してしまったとします。そうしたら覚醒剤が入っていたわけです。このときに覚醒剤を所持していた事実は客観的な事実です。ですから、この被疑者は覚醒剤取締法違反を犯したことは誰が見たって明らかです。

Ⅰ　刑事訴訟法とは何か……11

しかし、本人の承諾を得ないで無理矢理ポケットに手を入れて、覚醒剤を取り出してしまうこと、それはやはり個人のプライバシーというものを保障した憲法の理念に反する捜査の仕方なのです。したがって、それは違法な捜査ということになります。

　そして、違法な捜査によって収集した証拠は証拠として使ってはいけないという理論があります。これは条文に書かれていないのですが、判例で固まっている理論です。

　そういう理論をそこに適用すると、結局その警察官、つまり捜査官は、違法な手段で集めたその証拠を、法廷では証拠にできませんから、結局その被疑者・被告人は無罪になってしまうわけです。

　実際に、下級審レベルでは、そういう形で覚醒剤事件で無罪になった事例があります。覚醒剤を所持していたことは明らかなのですが、捜査官の証拠の集め方が違法であったために、無罪判決がでた事例というのはけっこうたくさんあります。

　真実発見や適正な処罰を行うという観点からすれば、捜査の仕方が多少違法でも犯人であることは実体的な真実として明らかなのだから、それは当然に処罰すべきではないかという実体的真実主義からの要請があるわけです。

　しかし、一方で人権保障という観点からすると、捜査が違法である以上、そうはいきません。まったく正面から２つの要請がぶつかることになるわけです。私たちは、その２つの要請がぶつかったときにどうすればいいのでしょうか。どちらも刑事訴訟法の目的です。真実発見と人権保障、どちらも１条に書いてある刑事訴訟法の目的ですから、どっちを優先するという判断は１条を眺めても出てきません。では、どうするのでしょうか。ここで刑事訴訟法よりも上位の法概念である憲法から見ていこうということになるわけです。

憲法の理念は人権保障そして個人の尊重という考え方ですから、憲法から光をあてるとそれは人権保障を重視するべきという答えが出てくることになるわけです。このように刑事訴訟法というものを勉強するときには常に憲法に戻る必要があります。ですから、刑事訴訟法のことを応用憲法といったりします。憲法の応用のようなものだというわけです。

　ですから、刑事訴訟法というものが好きになれるかどうかは、憲法を好きになれるかどうかということでもあります。意外と思われるかもしれませんが、刑法とはあまり関係がありません。刑法というよりは憲法の応用科目だと思ってもらったほうがいいかもしれません。

　このように私たちの立場は、真実発見と人権保障がぶつかったときに、その緊張関係を解決する上では、憲法から考えて、人権保障というところに少し重点をおいて考えようというわけです。

　なぜなら、それが憲法の趣旨だからです。そうすると、先ほどのような例の場合は明らかに有罪であるにもかかわらず、無罪になってしまうわけです。警察官の目の前とか、みんなが見ている前で、ポケットから覚醒剤が出てきたわけですから、誰が見ても有罪であることが明らかです。にもかかわらず、無罪になってしまうわけです。それはおかしいという批判は当然あります。誰が見ても有罪なのですから、それは有罪にして、そんな違法な捜査をした捜査官を別に処罰すればいいじゃないかという考え方も他方であるわけです。つまり、違法な捜査をしたことは悪いのだから、その捜査官を別に罰すればそれで十分じゃないか、何も被疑者・被告人を無罪にすることはないのではないかという考え方です。

　でも、私たちはそうではなしに、無罪にしてしまおうというのです。なぜ無罪にしてしまおうと考えるのでしょうか。それは違法な捜査が行われた場合には、無罪になるという権利、つまり人権を私たちはもっているからなのです。それを適正手続の保障といいます。憲法31条で適正手続の保

I　刑事訴訟法とは何か……13

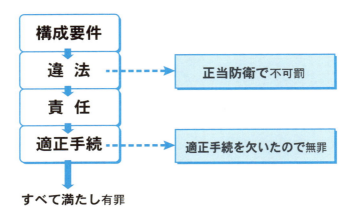

障という人権が私たちに保障されているのです。したがって、違法な手続によっては処罰されません。憲法31条によって適正手続の保障という人権が保障されている結果として、私たちは無罪になる権利があるということになるのです。無罪という判決を得る権利がある、処罰を免れる人権があるというわけです。決してそれは悪いことではありません。堂々とそれは無罪になればいいのであって、それは適正手続の保障という人権を行使するわけだから、実際悪いことをやっているにもかかわらず、無罪になるなんて、なんだと思う人もいるかもしれませんが、それは悪いことではないのです。

　それは、ちょうど悪いことをやってしまったとしても黙秘権という人権が保障されているのと同じです。「悪いことをやっているのになぜ黙っているのだ。反省もしないで黙りこくっていてだめじゃないか。悪いことをしているのだからちゃんとしゃべれ」という意見に対して、「いや、悪いことをやったとしても、自己に不利益なことは言う必要はない。それは権利です。人権なのです」というふうに主張していくのと同じことなのです。ただ、このあたりのことは法律を学んでいない一般の人にはなかなかイメ

ージすることのできないというか、ちょっと納得しにくいところです。どうしてかというと、目の前でその人が犯罪をやっているにもかかわらず、無罪にしてしまおうというのはどうしても一般の人には納得のいかないところだからです。

しかし、皆さんはもう法律を勉強しているから十分心の中で納得できるはずです。

❷公判手続

では、現行法は、このような手続としてどのような内容のものを用意しているのでしょうか。

憲法37条1項は、「すべて刑事事件においては、被告人は、公平な裁判所の迅速な公開裁判を受ける権利を有する」と規定しており、刑事事件は、公平な裁判所による迅速な公開「裁判」によって解決されることが要請されていますから、このような裁判所による手続（公判手続といいます）が刑事訴訟法の中心になります。

そして、この公判では、起訴された者（被告人といいます）が、本当に犯罪を犯したのかということを、両当事者（被告人と検察官）が証拠をめぐって争い、それを見ながら裁判所が判断（判決）をします。つまり、法は、検察官が、証拠により「この者は、殺人罪を犯しましたから処罰してください」と主張し、これに対して被告人とその弁護人とが反論し、そのやりとりを裁判所が第三者の立場から見ながら、検察官の主張の是非を判断するという構造こそが、公平な裁判を実現するには最適だと考えたわけです。

したがって、「公判」では、このような公平な裁判の実現のためには、どのような証拠を、どのように扱い、認定するのがよいのか、ということが基本的問題点となります。

I 刑事訴訟法とは何か……15

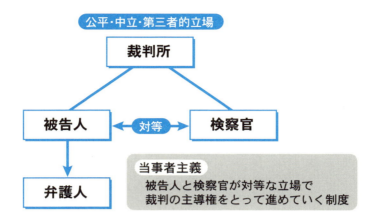

なお、2014（平成16）年の刑事司法改革において、一般国民が裁判員として刑事裁判に参加する裁判員制度（裁判員の参加する刑事裁判に関する法律）が創設されました。これによって、裁判員が裁判官とともに、裁判内容の決定に関与することとなります。

❸公判のための捜査手続

ただ、このような公判手続を行うには、前提として、当事者である被告人が公判へ出頭していることが必要です（犯人が逃げ回っていては公判を開けません）。

また、前述しましたように、公判は「当事者による証拠をめぐる攻防」ですから、公判手続を適切に行うためには、十分に証拠をそろえておくことも不可欠です。

そこで、来るべき公判に備えて、①被告人の出頭の確保と②証拠の収集を行う活動、すなわち捜査をする必要があります。つまり、捜査とは、捜

キーワード 裁判員制度

一般国民が裁判員として刑事裁判に参加する制度をいう。国民から抽選された裁判員が、死刑または無期の拘禁刑にあたる罪などの重大な刑事裁判について、裁判官とともに、事実認定や法令の適用等を行う。
広く国民が裁判の過程に参加することによって、司法に対する国民の理解や支持が深まるところに意義がある。

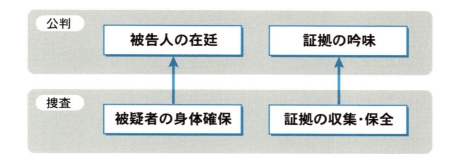

査機関が犯罪が発生したと考えるときに、将来の公訴の提起・遂行のため、犯人を発見・確保し、証拠を収集・保全する行為をいいます。

したがって、刑事手続を考える場合には、このような捜査段階における手続についても十分に考察する必要があります。いやむしろ、捜査段階こそが、真実発見の要請と人権保障の要請がもっともし烈にぶつかりあうところであるといってもよいでしょう。

というのは、捜査段階で、どのような証拠を集められるかということこそが、来るべき公判の帰すうを決するわけですから、捜査機関としては少々無理をしてでも証拠を獲得しようとして、犯人と目される者（「被疑者」といいます）の人権を侵害するおそれが大変大きいからです。

したがって、「捜査」のところでは、このような捜査の必要性と人権の保障との調和をどのように考えていくべきか、が基本的問題点となります。

❹上訴・執行段階

このように、捜査→公判手続を経て、被告人に有罪判決が言い渡され、それが確定すると、事件は裁判所の手を離れ、執行段階に進み、いよいよ、刑法の実現である刑罰権の執行がなされることになります。

ただ、死刑を考えてもわかるように、刑罰権は一度執行されてしまうと

キーワード 被疑者
犯罪の嫌疑を受けている者で、いまだ公訴提起されていない者をいう。

取り返しがつかないものですから、慎重には慎重を重ねて、手を打っておく必要があります。

この点、現行法が用意しているのは、上訴制度と非常救済制度です。上訴制度も非常救済制度（再審・非常上告）も、いわば、再度のチャンスを認めるもので、あまり広く認めすぎると、最初の裁判で一生懸命取り組まず、裁判制度自体がロスの多いものとなってしまいかねないので、その兼ね合いが、この分野での基本的問題点となります。

では、以上のことを念頭において、いよいよ、各分野ごとに、もう少し詳しく説明してみましょう。なお、各分野を説明する順番は、実際の順番である捜査から、公判へと説明していきたいと思います。

裁判員制度

2004（平成16）年5月21日に「裁判員の参加する刑事裁判に関する法律」（裁判員法）が成立し、2009（平成21）年5月21日から裁判員制度が始まりました。同年8月3日には初めての裁判員裁判が行われ大きく報道されました。

裁判員制度とは、一般の国民の中から選ばれた裁判員が、一定の重大な犯罪について、被告人が有罪かどうか、有罪の場合どのような刑にするかを裁判官とともに決める制度です。国民が裁判に加わることによって、国民にとってより身近な司法を実現し、司法に対する理解を深めるとともに、司法に対する国民の信頼を高めることを目的としています。

裁判員制度を運営していくにあたっては、迅速で、裁判員にとってわかりやすい裁判を実現

することが必要不可欠です。ところが、従来の刑事裁判実務においては、審理の長期化や書面依存の審理などが問題点として指摘されていました。そこで、裁判員制度の実現にむけた検証を行う中で、これまでの刑事裁判実務のあり方の再検討が迫られることになりました。

新しく整備されたものとして、たとえば、公判前整理手続（316条の2以下）があります。これは、法廷での審理が始まる前に、裁判官、検察官、弁護人の3者で事件の争点と証拠を整理して明確な審理計画を立てるための手続です。これによって、あらかじめ訴訟の準備を行うことができるので、公判の開始後は連日的に開廷して集中して審理を行うことになり、迅速な裁判の実現に役立ちます。

理解度クイズ①

1　刑事訴訟法とは何か。

① 国家と国民との関係を定める法

② 刑法を実現するための法

③ 犯罪者の改善・更生・社会復帰を図る法

④ 犯罪被害者救済法

2　刑事訴訟法の目的は次のうちどれか。

① 被害者の救済

② 国民の知る権利の充足

③ 犯罪者の名誉回復

④ 真実発見と人権保障

⑤ 犯罪防止

3　刑事訴訟法の目的が書かれた条文として正しくないものはどれか。

① 刑法 1 条

② 刑事訴訟法 1 条

③ 憲法31条

※解答は巻末

第2章
捜査

Ⅰ 捜査の端緒

Ⅱ 捜査の開始

Ⅲ 不当な捜査に対する被疑者の防御

Ⅰ 捜査の端緒

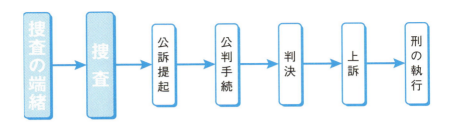

❶捜査の端緒とは

まず最初に、捜査の端緒です。「たんちょ」と発音する人と「たんしょ」と発音する人がいますがどちらでもけっこうです。捜査というのは捜査機関側が行います。ちなみに、それに対して被疑者側がするのが防御です。どういう防御があるのかということについては、最後のほうでお話します。

まずは捜査の端緒、つまりきっかけのようなものですが、どういうときに捜査が開始されるのかをお話します。

189条をみてください。

> ▶▶▶第189条
> 　警察官は、それぞれ、他の法律又は国家公安委員会若しくは都道府県公安委員会の定めるところにより、司法警察職員として職務を行う。
> 　②　司法警察職員は、犯罪があると思料するときは、犯人及び証拠を捜査するものとする。

まず、1項に「警察官は、それぞれ、他の法律又は国家公安委員会若しくは都道府県公安委員会の定めるところにより、司法警察職員として職務

キーワード　司法警察職員
警察職員は、一般司法警察職員（189条1項）と特別司法警察職員（190条）とに分かれる。一般司法警察職員とは、具体的には、警察庁と各都道府県警の警察官を意味する。（一般）司法警察職員は、司法警察員と司法巡査に分かれる（39条3項）。特別司法警察職員とは、特定の事項について捜査権限を持った一般司法警察職員以外の行政職員のこ

22……第2章　捜査

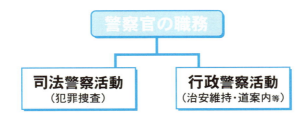

を行う」と書いてあります。そして、2項に「司法警察職員は、犯罪があると思料するときは、犯人及び証拠を捜査するものとする」と書いてあります。

　刑事訴訟法では、警察官をさして司法警察職員という言葉を使っていきます（189条1項）。

　この189条2項のところが、捜査の始まりのところになるのです。189条1項のところで、警察官が「司法警察職員として職務を行う」と書いてあります。では、警察官が司法警察活動をするときとはどういうときでしょうか。

　警察官は、大きく分けて行政警察活動と司法警察活動という2つの仕事をします。そのうちの司法警察活動というのが、この刑事訴訟法の捜査ということになるわけです。

　行政警察活動というのは、いわゆる治安の維持などにかかわるものです。道案内したり、巡回したりすることはみんな行政警察活動に入ります。

　これに対して、警察官は司法警察活動というものも行います。この司法警察活動というのがまさに、犯罪の捜査という仕事なのです。そのように警察官が2種類ある仕事のうちの司法警察活動を行うときに、その警察官のことを司法警察職員とよびます。ですから、刑事訴訟法の世界では、司法警察職員という言葉しか使いません。これは覚えておいてください。

　司法警察職員が、まず第1次的な捜査を行います。これが189条2項で

とであり、刑務職員、営林局署の職員、海上保安官、麻薬取締官、労働基準監督官などをいう。

す。

　そして、検察官は191条で、みずから必要と認めるときは犯罪捜査をすることができます。191条をみてください。

　▶▶▶第191条
　　検察官は、必要と認めるときは、自ら犯罪を捜査することができる。
　　②　検察事務官は、検察官の指揮を受け、捜査をしなければならない。

　「検察官は、必要と認めるときは、自ら犯罪を捜査することができる」と書いてあります。ですから、犯罪の捜査というのはまず、司法警察職員が第1次的に行い、補充的に検察官が行うという仕組みになっています。司法警察職員も検察官も、どちらも行政権に属します。国会が立法権、内閣が行政権、裁判所が司法権を担当するのは三権分立でよく知っていますよね。注意してほしいのは、検察官や司法警察職員というのは司法権ではありません。これは間違えないで覚えてください。よくいろいろな新聞やニュースなどでは警察官や検察官なども、どちらかというと司法にくくってしまうこともあります。「司法の手が伸びた」という表現はそれです。しかし、司法権というのは裁判所で、検察や警察というのはともに行政権です。これはぜひ、頭に入れておいてください。

　そして、そのように司法警察職員が第1次的に、検察官が第2次的に捜査を行うということになります。

　まず、捜査のおおまかな流れですが、どこかで犯罪が行われたみたいだという情報を司法警察職員が耳にして、捜査に出かけます。そして、実際にそこで死体が見つかったとか、凶器が見つかったとかがあった場合、捜査をします。まず司法警察職員が一生懸命調べるわけです。司法警察職員は疑わしい人を連れてきて、話を聞いてみたり、調書をとったりして、あ

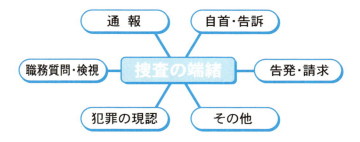

る程度事件の第1次的な証拠を固めます。

そして、その段階ですべての書類なり、証拠なりを検察庁に送り、検察官に見てもらうわけです。書類だけを送ることを書類送検といいます。業務上過失傷害罪で書類送検したなんてことを聞いたことがあるかもしれません。

そんなふうに司法警察職員のほうで第一次的な証拠調べを行って、それを今度は検察庁に送って、検察官のほうで必要があれば、容疑者なり、被疑者なりに来てもらい、場合によってはさまざまなそれ以外の捜査、補充的な捜査を行います。ですから、司法警察職員が捜査した後に、更に検察官が上乗せして捜査をして、きちんとこれで立証できるだろうかということを固めていくわけです。

そのため、検察官はさまざまな捜査をします。たとえば、司法警察職員に命令して、ここのところをもっと捜査してほしいと指示をしたり、指揮したりすることもあります。このように、司法警察職員と検察官がある程度協力し合いながら、証拠を固めていき、検察官が、これで十分公判を維持できると考えたなら、そこで起訴をするということになります。

このように、捜査の流れには、最初に捜査の端緒があります。捜査が開始されるのは「犯罪が発生した」といえる場合です。たとえば、人が死んでいたとします。病死なのか、自殺なのか、ひょっとしたら殺人ではない

かというように、いろいろなことで疑わしい場合に、そこから捜査が始まるというわけです。

そして、人の死がどのような原因でもたらされたかを調べる手続を検視といいます。このように、犯罪の発生したということが明らかになるきっかけ、これが、捜査の端緒ということになります。

これにはどんなことがあるのかというと、たとえば、犯人や被害者の申告、自首や告訴などがあります。第三者が告発することもあります。司法警察職員（警察官）自身の職務質問により、きっかけが見つかることがあるかもしれません。また、単なる通報のようなたれ込みなどがきっかけになるかもしれませんし、司法警察職員（警察官）の目の前で犯罪が行われる（現行犯）ということも場合によってはあるかもしれません。そういうさまざまなきっかけに基づいて、捜査が開始されることになります。

ここで、自首と告訴という2つの言葉が出てきましたが、自首というのは、犯人が自ら罪を犯したことが発覚する前に犯罪事実を申告することです。これに対して、告訴というのは、被害者その他一定の近親者が犯罪事実を申告し、訴追を求めることをいいます。犯罪の被害者が犯罪事実を申告することです。「被害に遭いました」と言って、さらに訴追を求める意思表示をすることです。この告訴というのはすべての事件についてありうるのですが、告訴がなければ起訴できない犯罪というのがいくつかあります。これを親告罪といいます。これは覚えておいてください。

たとえば、器物損壊罪（刑法261条）や名誉毀損罪（刑法230条）が、告訴がなければ起訴できない親告罪の典型です。告訴自体はすべての犯罪についてありうるのですが、特に親告罪というのは告訴がなければ起訴できないというように、告訴が訴訟条件になっているわけです。つまり、告訴が訴訟条件となっている犯罪を親告罪といいます。

キーワード　検視

変死またはその疑いのある死体について、その状況を五官の作用で見分することをいう。検視の主体は、検察官であるが（刑事訴訟法229条1項）、場合により、検察事務官または司法警察員に命じることができる（229条2項）。これを代行検視という。

26……第2章　捜査

❷職務質問

さて、捜査の端緒の中でもっとも捜査機関と国民の人権との間に対立が生じるものとして、職務質問があります。これだけは少し取りあげておきましょう。

職務質問というのは実は行政警察活動の一環なのです。警察官職務執行法というものがありますが、これは刑事訴訟法で勉強する重要な法律のひとつです。この警察官職務執行法は、略して警職法といいます。

その警察官職務執行法の1条をみてください。

▶▶▶警察官職務執行法第1条

この法律は、警察官が警察法（昭和29年法律第162号）に規定する個人の生命、身体及び財産の保護、犯罪の予防、公安の維持並びに他の法令の執行等の職権職務を忠実に遂行するために、必要な手段を定めることを目的とする。

②　この法律に規定する手段は、前項の目的のため必要な最小の限度において用いるべきものであつて、いやしくもその濫用にわたるようなことがあつてはならない。

1条には目的が書いてあります。「この法律は、警察官が警察法に規定する個人の生命、身体及び財産の保護、犯罪の予防、………（の）ために、必要な手段を定める……」とあります。

次に2条をみてください。

▶▶▶警察官職務執行法第2条

警察官は、異常な挙動その他周囲の事情から合理的に判断して何らかの犯罪を犯し、若しくは犯そうとしていると疑うに足りる相当な理由のある者又は既に行われた犯罪について、若しくは犯罪が行われようとしていることについて知つていると認められる者を停止させて質問することができる。

キーワード　自首

犯人が、罪を犯したことが発覚する前に、みずから捜査機関に自己の犯罪事実を申告し、処分に服するとの意思表示をいう。刑法上、刑の減免事由となるので（刑法42条1項、80条、93条ただし書）、刑事訴訟法上も告訴・告発に準じた慎重な手続をとる（245条）。

捜査の端緒……27

②　その場で前項の質問をすることが本人に対して不利であり、又は交通の妨害になると認められる場合においては、質問するため、その者に附近の警察署、派出所又は駐在所に同行することを求めることができる。
③　前2項に規定する者は、刑事訴訟に関する法律の規定によらない限り、身柄を拘束され、又はその意に反して警察署、派出所若しくは駐在所に連行され、若しくは答弁を強要されることはない。
④　警察官は、刑事訴訟に関する法律により逮捕されている者については、その身体について凶器を所持しているかどうかを調べることができる。

　さて、2条1項は「警察官は、異常な挙動その他周囲の事情から合理的に判断して何らかの犯罪を犯し、若しくは犯そうとしていると疑うに足りる相当な理由のある者又は既に行われた犯罪について、若しくは犯罪が行われようとしていることについて知つていると認められる者を停止させて質問することができる」と書いてあります。この「停止させて質問することができる」というところが重要です。これを職務質問といいます。

　2項で「その場で前項の質問をすることが本人に対して不利であり、又は交通の妨害になると認められる場合においては、質問するため、その者に附近の警察署、派出所又は駐在所に同行することを求めることができる」と書いてあります。ただ、求めることができるというだけです。

　そして3項で、「前2項に規定する者は、刑事訴訟に関する法律の規定によらない限り、身柄を拘束され、又はその意に反して警察署、派出所若しくは駐在所に連行され、若しくは答弁を強要されることはない」と規定しています。ですから、「ちょっと警察署に来てくれ」と言われても「嫌です」と断わることができるのです。別について行く必要はないというわけです。

キーワード　告訴

犯罪の被害者その他一定の者が、捜査機関に対して、犯罪事実を申告し、その訴追を求める意思表示である。告訴がなければ起訴できない犯罪を親告罪という（名誉毀損罪〔刑法230条〕など）。

28……第2章　捜査

それから4項で「刑事訴訟に関する法律により逮捕されている者については、その身体について凶器を所持しているかどうかを調べることができる」と規定してあります。しかし、逮捕されていないときは所持品を検査できるということは、どこにも書いていないことに注意しておきましょう。

さて、1項に書いてあるように「停止させて質問することができる」というわけです。これを職務質問といいます。しかも、その職務質問自体は3項にあるとおり任意なのです。答弁を強要されることもありません。ですから、司法警察職員が、「ちょっといいですか」と近付いてきたときも、「今ちょっと忙しいので」と言って、行ってしまってもいいのです。これは、職務質問の根拠条文だということを覚えておいてください。

この職務質問というものから、犯罪発見のきっかけになっていくことがあります。たとえば、職務質問してみたら、どうもなにかおかしいな、なにか凶器を持っているのではないか、覚醒剤を使っているんじゃないか、だとか司法警察職員が思って持ち物などをチェックしてみるということがあります。しかし、ある意味ではこれは大変な人権侵害につながる行為となるわけです。

個人には、プライバシーというものがあります。したがって、そんな質問に答える必要もなければ、「放っておいてくれ」と言うこともできるのです。しかし、犯罪捜査の側からいうと、たとえばオウム事件のときも、職務質問や所持品検査によって逮捕したり、真相解明したりしたように、職務質問はきわめて有効なものです。ですから、職務質問や所持品検査というのは、捜査の観点からすれば非常に有効です。しかし、逆にそれだけ人権侵害の危険が非常に高いということになります。

また、職務質問の実効性をもたせるために、質問中の短時間の拘束を認めたり、拒否して去ろうとする者をある程度引き止めたり、さらに危なそうなものを持っている者に対して、中身を開けさせる（これを所持品検査

捜査の端緒……29

所持品検査

夜道を歩いていたら、警察官に「今晩は」と、声を掛けられたことがありませんか。そして、「ちょっと袋の中を見せてもらえませんか」と、いわゆる所持品検査が行われることも場合によってはありえます。

所持品検査を認めた現行法の明文規定はありませんから、嫌なら断わって、まったく差し支えないはずなのですが、最高裁は、「所持人の承諾のない限り所持品検査は一切許容されないと解するのは相当ではなく、捜索に至らない程度の行為は、強制にわたらない限り、所持品検査においても許容される場合がある」と判示しています。

実は、最高裁が、このような判断を示した事件は、銀行強盗の逃走犯人と思われる2人組の男に対する職務質問をきっかけにしたものでした。

一切の返答を拒む彼らに、警察官はますます疑惑の念を強め、警察署への同行を求め、そこでさらに質問を続けるとともに、2人が所持していたボーリングバッグとアタッシュケースを開くように繰り返し求めましたが、彼らは依然として拒否を続けました。

しびれをきらした警察官は、とうとう承諾のないままボーリングバッグのチャックを開けてしまったのです。すると、大量の紙幣が無造作に入っているのを発見したので、次にアタッシュケースの鍵もドライバーでこじ開けました。

今度は、被害銀行の帯封のある札束も発見したことから、2人を強盗容疑で緊急逮捕（210条）したという事件です。

たしかに、犯罪事件の真相を解明し、犯人を逮捕・処罰することは刑事訴訟の大切な目的の1つです（1条）。

しかし、だからといってどんな捜査方法でも許されるわけではありません。憲法35条は、裁判官の発する令状によらなければ、捜索・差押えができないことを定めて（令状主義）、私達のプライバシー権を、十分に保護しているからです。

この事件は、まさに、真実発見の要請と人権保障の要請とが正面からぶつかり合ったものであり、きわめて難しい判断を迫られます。いったい、どんな状況ならば、承諾のない所持品検査は許されるのでしょうか。

この点について、最高裁は、前述したところに続けて、以下のように判示しました。

「かかる行為は……所持品検査の必要性、緊急性、これによって害される個人の法益と保護されるべき公共の利益との権衡などを考慮し、具体的状況のもとで相当と認められる限度においてのみ、許容される」。

この判示は、はたして妥当なものといえるでしょうか。あなたは、どう考えますか。

といいます）というところまで認められるという解釈をとると、人権侵害の危険はますます高まるということになります。

　しかし、他方、このように、職務質問というのは、犯罪を早期に発見したり、社会を守ったりするという観点からは非常に重要なのです。そこで、この捜査の必要性と人権侵害の危険の防止の要請をどう調整していくかということが非常に重要になります。

　結局、職務質問が許される限界が大きな問題点となっているということです。これについての判例・学説の動向は、おおざっぱにいうと、具体的な事案ごとに、必要性・緊急性を考慮した相当性を判断して違法性を決するということになります。この点は重要なので覚えておいてください。具体的な事件ごとに必要性・緊急性を考慮した相当性を判断してその適法性を決するので、たとえば、重大犯罪の疑いが強い場合には、ある程度職務質問の必要性が強くなるので、その点を考慮して、相当性もある程度認められるというわけです。

ケース1

　警察官Aは、深夜、猟銃を使用した強盗犯人が逃走したという無線を受け、パトカーで巡回していたところ、パトカーを見て逃げようとした挙動不審のBを発見しました。職務質問をしようとしたところBは逃げようとしたので、その肩に手をかけて、「ちょっと話を聞かせてくれよ」と言いながら、押し問答をしました。その際、Bは、細長いバックを持っており、Aが中身を尋ねても、何も答えません。このような場合、Aは何ができるでしょうか。

　それではケース1を考えてみましょう。

　まず、警察官AがBの肩に手を掛けています。これは、司法警察職員が肩に手を掛けるというある程度の有形力を行使しているということです。

捜査の端緒……31

このぐらいはできるのかなということになります。一般的にはちょっと肩に手を掛けるとか、瞬間的に腕をギュッとつかむくらいならば認められるというわけです。肩を離さず、逃げようとしているのに逃がさないように腕をつかんで離さないというところまでいってしまうとこれは身体の拘束ということになってしまいます。そうすると、逮捕状がないかぎりはできないということになります。一瞬肩に手をかけるとか、ちょっと手をつかむくらいなら適法だということが一般的にはいわれているのです。

　そして、肩にちょっと手をかけたら、それで押し問答になり、そのときに何か細長いバッグを持っているので中身を尋ねても答えなかったわけです。そこで、その中身を見せてくれないかと頼んだわけです。依頼することまではかまいません。しかし、いや、ちょっと見せられないと断っているのに無理矢理そのバックを取り出して、バッと中を開けてしまう、ましてや中を全部ひっくり返してしまうようなことをしてしまったら、これは明らかに違法になります。

　この場合にどこまで認められるかというのは、かなり限界事例ということで難しいのですけれども、判例ではスポーツバッグみたいな物を開けて中を一べつするぐらいのところまでは適法としているものもあります。しかし、中を開けてチラッと見るところまでが適法なのであって、たとえば、中に手を突っ込んで中身を探してみるなど、そういう捜索などにあたるようなことをやると違法ということになります。

　ですから、このへんはかなり微妙なことになります。重大犯罪の疑いがあるときにちょっと中を開けて見ることができる程度なのです。たいした犯罪の疑いもないのに勝手にバッグの中身を見ることは違法ということになってしまうのです。

　そういうわけで、ケース１でも個別的に捜査の必要性や緊急性を考慮して相当性を判断していくということになります。その場合、無理矢理Ｂの

所持する細長いバッグを開けるというのは相当性を超え、いきすぎといえます。

　ちなみに、所持品検査についての明確な根拠条文というのはありません。あえて、所持品検査の根拠はというと、警職法の2条1項の職務質問に付随して認められるといわれています。これが一般的な考え方です。

　繰り返しますが、職務質問や所持品検査は、捜査の必要性と人権保障のぶつかり合いで、どの程度のところまで許されるのかという点がきわめて微妙で難しい問題になります。ですから、オウム事件のときは犯罪の重大性や緊急性や必要性を理由としてかなりのところまで認められてしまったのかもしれません。しかし、これから次々と判決がでてくるなかで、あの事件についての判決でどういう判断になっていくのかということが、非常に難しいところでもあるのです。

　このように、職務質問、所持品検査などについては、捜査の端緒のところで難しいことがあるのだ、ということだけはわかっておいてください。

捜査の端緒……33

Ⅱ　捜査の開始

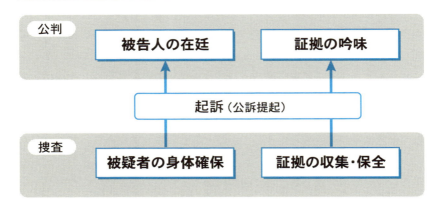

　さて、以上のようなきっかけで犯罪の情報を認知すると、いよいよ犯罪捜査が始まります。そうすると、具体的に何を始めるのかですが、捜査には、任意捜査と強制捜査があります。

❶任意捜査の原則

―ケース2―――――――――――――――――――――――――
　Aは、飲み屋で隣り合わせたBと些細なことから口論となり、Bを殴って全治3日間のけがをさせたところ、通報を受けた警察官にいきなり逮捕され、自宅も徹底的に捜索を受けました。このような捜査方法は違法でしょうか。
――――――――――――――――――――――――――――

　前にも述べましたが、捕らえられて拘束されたり、証拠がありそうだからといって、部屋の中にどかどか入ってきて部屋中を引っかき回す、といったようなことを無制限に認めたのでは、人権保障も絵に描いた餅でしか

ありません。ケース２においては、Ａは単に些細な傷害を負わせたにすぎないのに、身体を拘束され、傷害の証拠があるとも思えない自宅についてまで捜索を受けています。いくら何でもこれではたまりません。

そこで、法は、このような不当な人権侵害が起こらないように、まず、捜査は任意捜査が原則であるという任意捜査の原則を宣言しました。ここは重要です。197条をみてみましょう。

▶▶▶第197条
　捜査については、その目的を達するため必要な取調をすることができる。但し、強制の処分は、この法律に特別の定のある場合でなければ、これをすることができない。
　②　捜査については、公務所又は公私の団体に照会して必要な事項の報告を求めることができる。

197条１項ただし書は、強制処分は法律の定めがなくてはならないということを定めています。逆に言えば、法律に定めがなければ任意捜査しかできないということです。この条文が任意捜査の原則を規定していると解釈します。

強制の処分というのは、法律の定めがなければできないとありますが、強制的な捜査については38頁の図をみてください。被疑者の身体確保と証拠の収集との２つに分かれます。被疑者の身体を確保するというのは、被疑者の逃亡防止や証拠隠滅防止のために行うわけです。それが逮捕・勾留手続になります。これに対して、証拠の収集ですが、これは捜索・押収・検証のように証拠を収集する手続ということになります。このように、強制捜査は被疑者の身体の確保と証拠の収集の大きく２つに分かれるということになります。これはとても重要ですので、後ほど詳しく説明しますが、覚えておいてください。

そして、強制捜査は例外的な場合であって、任意捜査が原則ということ

Ⅱ　捜査の開始……35

になります。典型的な任意捜査というのは、たとえば聞き込みや尾行など
です。

❷強制処分法定主義・令状主義

さて、このように任意捜査の原則を宣言しつつ、197条第1項ただし書
には「強制の処分は、この法律に特別の定のある場合でなければ、これを
することができない」と書いてあります。これを強制処分法定主義といい
ます。任意捜査では、らちがあかない場合、相手の意思を制圧してでもな
しうる強制捜査を許したというわけです。強制捜査というのは、強制的に
無理矢理行うというイメージでかまいません。強制力を行使して無理矢理
行う強制捜査を認めたというわけです。

もっとも、強制捜査が認められるためには厳しい条件があります。まず
そもそも、197条1項ただし書にあるように法定されたかぎられた方法の
みが許されるということになります。なぜなら、強制処分が国民の人権を
脅かすおそれが大きいため、法律で定めるという民主的方法により、その
内容をコントロールし、可能なかぎり人権侵害を回避しようという理由か
らなのです。

また、このように法定された強制処分が具体的に実行されるためには、
たとえば逮捕や勾留や捜索・押収・差押えなどが実行されるには、事前に
裁判官がその強制捜査をすることの適法性・必要性を判断し、そのOKの
合図である令状が出されることが必要であるとされています。事前に裁判
官がチェックして令状が発付されなければならないと定めていることを令
状主義といいます。つまり、司法的抑制により不当な人権侵害を回避しよ
うとしているのです。この令状主義は、憲法が要求しています。憲法33条
や憲法35条が明確な令状がなければ逮捕できない、令状がなければ捜索・
押収ができないと規定しているのです。

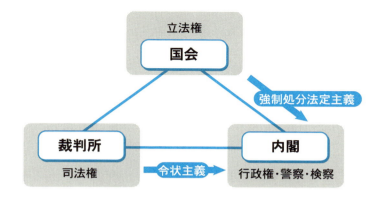

　このように、捜査、特に強制捜査に対しては、人権侵害の危険が非常に高いものですから、2つの方向からの歯止めがあるわけです。1つが強制処分法定主義という法律による歯止め、それからもう1つが令状主義という裁判官による歯止めという司法的な抑制です。

　三権分立の図を見てください。警察・検察はいわば内閣、行政権に属します。この行政権の行使により人権侵害がなされないように、立法権と司法権の両方から歯止めをかけたということなのです。

　まず、強制処分は法律であらかじめ定めたものしか許さないということは立法権からの歯止めになります。それから、その法律で定めたものを実際に実行するときには、事前に裁判官が必要性を判断し、裁判官が発付する令状によらなければならないということは、司法権からの歯止めです。

　このように、行政権たる捜査機関が行う強制処分に対しては、司法権と立法権の両方から歯止めをかけて人権保障を全うしようとしているといえます。この構造を頭に入れておいてください。これは強制処分法定主義の位置付けとしてとても重要になります。そして、強制処分法定主義と令状主義という言葉は覚えておいてください。

❸強制捜査の種類

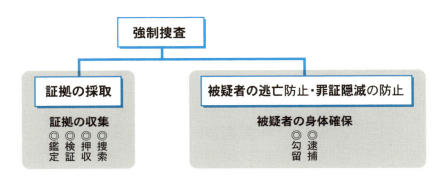

　さて、それでは、法律によって定められた強制処分にはどのようなものがあるのか、その種類を見てみましょう。

　捜査は来るべき公判に向けての準備活動で、それは被疑者の逃亡防止・罪証隠滅の防止と、証拠の採取の2つのために行われますので、強制捜査もその目的に応じていくつかのものがあります。前者の目的を達するために被疑者の身体を確保するための逮捕、勾留、後者の目的のため証拠を収集するための強制捜査として捜索、押収、検証、鑑定を実行する場合があります。なお、採取される証拠の中には、人の供述、たとえば犯人の自白や目撃者の証言もありますが、特にこれらは人の精神作用を媒介としていますので、物証や情況証拠に比べて特殊で重要です。後で別の項目としてお話します。

❹被疑者の逃亡の防止・罪証隠滅の防止のための強制処分

　ではまず、身体に関してですが、被疑者の逃亡防止と罪証隠滅防止のために、被疑者の身体を確保するための強制処分が認められています。それ

を逮捕、勾留といいます。（1）逮捕、（2）勾留の2つの手続についてお話します。

（1）逮捕

　まず逮捕です。逮捕とは、最大72時間身体を拘束することができる短期の身体拘束処分をいいます。最大72時間とは3日間ということなのです。通常逮捕・現行犯逮捕・緊急逮捕の3種類あります。これは重要ですから覚えておいてください。

ａ．通常逮捕

▶▶▶第199条

　検察官、検察事務官又は司法警察職員は、被疑者が罪を犯したことを疑うに足りる相当な理由があるときは、裁判官のあらかじめ発する逮捕状により、これを逮捕することができる。ただし、30万円（刑法、暴力行為等処罰に関する法律及び経済関係罰則の整備に関する法律の罪以外の罪については、当分の間、2万円）以下の罰金、拘留又は科料に当たる罪については、被疑者が定まつた住居を有しない場合又は正当な理由がなく前条の規定による出頭の求めに応じない場合に限る。

　② 裁判官は、被疑者が罪を犯したことを疑うに足りる相当な理由があると認めるときは、検察官又は司法警察員（警察官たる司法警察員については、国家公安委員会又は都道府県公安委員会が指定する警部以上の者に限る。次項及び第201条の2第1項において同じ。）の請求により、前項の逮捕状を発する。ただし、明らかに逮捕の必要がないと認めるときは、この限りでない。

　③ 検察官又は司法警察員は、第1項の逮捕状を請求する場合において、同一の犯罪事実についてその被疑者に対し前に逮捕状の請求又はその発付があつたときは、その旨を裁判所に通知しなければならない。

キーワード **現行犯逮捕**
現行犯人は、誰でも（私人でも）、逮捕状なしに逮捕することができるとされるもの（憲法33条、刑事訴訟法212条・213条）。

Ⅱ　捜査の開始……39

通常逮捕というのは逮捕の通常形態です。裁判官から令状をもらって逮捕するという、いわゆる令状逮捕というものです。原則として事前に裁判官がその逮捕することの適法性を判断し、その承諾の合図である令状が出されることが必要になります。これを令状主義といいます。逮捕が適法であるためには、逮捕の理由があることと逮捕の必要性があることがポイントとなります。

　逮捕の理由というのは、被疑者が罪を犯したと疑うに足る相当な理由、つまりどうもあの人が犯人らしいという相当な理由です。それから、逮捕の必要性というのは、199条2項ただし書で要件とされるものですが、これは逮捕して身体を確保しておかなければ逃げたり、証拠を隠滅したりしてしまうかもしれないということです。被疑者の境遇、犯罪の軽重など、諸般の事情に照らし合わせて、逮捕の必要性というものを判断します。

　ここで注意していただきたいのは、逮捕の必要性の中には、被疑者を取り調べるためという必要性は含まれていないことです。すなわち、本来被疑者を取り調べるために逮捕するということを法は予定しておりません。あくまでも法が予定しているのは、被疑者の逃亡防止、証拠隠滅を防止するためだけです。

　実際には、被疑者を逮捕した後に取り調べるわけですが、取調べを目的とした逮捕は許されないということです。実際に令状を取るときに、取調べの必要性があるということを書いたなら、却下されてしまいます。ですから、令状を請求するときは、罪証隠滅のおそれや逃亡のおそれなどを理由にして令状を請求します。実際には、取調べの必要性があるから令状を請求するのですが、結果的に取調べが可能なだけであって、取調べということを目的とすることはできないということになっているわけです。

b．現行犯逮捕・緊急逮捕

　現行犯逮捕と緊急逮捕ですが、これもそれぞれ言葉としてのイメージを

もっておいてください。令状主義の例外が現行犯逮捕と緊急逮捕ということになります。言い換えれば、令状がなくても逮捕できるのが、この2つの場合です。

通常逮捕は199条でした。212条をみてみましょう。

▶▶▶第212条
　現に罪を行い、又は現に罪を行い終つた者を現行犯人とする。
　②　左の各号の一にあたる者が、罪を行い終つてから間がないと明らかに認められるときは、これを現行犯人とみなす。
　1　犯人として追呼されているとき。
　2　臓物又は明らかに犯罪の用に供したと思われる兇器その他の物を所持しているとき。
　3　身体又は被服に犯罪の顕著な証跡があるとき。
　4　誰何されて逃走しようとするとき。

ここに、現行犯人という言葉が出てきます。「現に罪を行い、又は現に罪を行い終つた者を現行犯人とする」という規定です。次に213条をみてください。

▶▶▶第213条
　現行犯人は、何人でも、逮捕状なくしてこれを逮捕することができる。

「現行犯人は、何人でも、逮捕状なくしてこれを逮捕することができる」と書いてあります。つまり、誰でも現行犯逮捕できるというわけです。逮捕状、すなわち令状なくして逮捕できるというのが213条の規定です。これは明らかな令状主義の例外ですが、それ以外に210条という条文があります。緊急逮捕の条文です。

▶▶▶第210条
　検察官、検察事務官又は司法警察職員は、死刑又は無期若しくは長期3年以上の拘禁刑にあたる罪を犯したことを疑うに足りる

キーワード　緊急逮捕
憲法は現行犯逮捕の場合を除き、令状による逮捕を要求するが（憲法33条）、刑訴法は、緊急を要する場合にまず被疑者を逮捕し、事後的に逮捕状の発付を求めるという緊急逮捕手続を認めている（刑訴法210条1項）。

Ⅱ　捜査の開始……41

充分な理由がある場合で、急速を要し、裁判官の逮捕状を求める
ことができないときは、その理由を告げて被疑者を逮捕すること
ができる。この場合には、直ちに裁判官の逮捕状を求める手続を
しなければならない。逮捕状が発せられないときは、直ちに被疑
者を釈放しなければならない。

② 第200条の規定は、前項の逮捕状についてこれを準用する。

　まず、死刑、無期、3年以上の拘禁刑にあたる重大犯罪であると疑うに
足る十分な理由があること、それから、急速を要すること、そのようなと
きには令状なしで逮捕ができるというわけです。

　ただし「この場合には、直ちに裁判官の逮捕状を求める手続をしなけれ
ばならない」とあります。本来、令状というのは事前にもらっておかなけ
ればいけないのですが、事後的な令状でもかまわないというのが緊急逮捕
です。

　この緊急逮捕というものは、もともと憲法は予定していなかったもので
す。憲法33条には「何人も、現行犯として逮捕される場合を除いては、権
限を有する司法官憲が発し、且つ理由となつてゐる犯罪を明示する令状に
よらなければ、逮捕されない」と書いてあります。憲法33条で例外にして
いるのは、現行犯逮捕の場合だけなのです。そして、憲法33条に規定する
「権限を有する司法官憲」というのは、裁判官のことです。裁判官の発す
る令状によらなければ逮捕されないというわけです。

　このように、憲法では現行犯逮捕だけを例外として認めているにもかか
わらず、法律上は緊急逮捕まで例外として認めてしまっています。これは
違憲ではないかという議論も昔はありましたが、今は違憲という人はあま
りいません。210条も、事後的ではあるけど令状を要求していますから、
辛うじて認めるということになっています。

　このように、令状主義の例外として、現行犯逮捕と緊急逮捕というもの

42……第2章　捜査

があるということは覚えておいてください。

　現行犯逮捕と緊急逮捕の区別をイメージできますか。現行犯逮捕は、今まさに目の前で犯罪が行われているので、すぐその場で逮捕してしまうことです。これに対して、緊急逮捕というのは、たとえば、指名手配の犯人に人相から何から何までそっくりな人なので、ちょっと職務質問してみたら、どうも凶器らしい物を持っているのでこいつが犯人に違いないと思ったときに、逮捕状を持っていないけれど逮捕をしてしまい、あとから令状をもらうという逮捕の方法をいいます。

　さて、このような逮捕をすると72時間被疑者の身体を拘束することができます。203条、205条をみてみましょう。

　　▶▶▶第203条
　　司法警察員は、逮捕状により被疑者を逮捕したとき、又は逮捕状により逮捕された被疑者を受け取つたときは、直ちに犯罪事実の要旨及び弁護人を選任することができる旨を告げた上、弁解の機会を与え、留置の必要がないと思料するときは直ちにこれを釈放し、留置の必要があると思料するときは被疑者が身体を拘束された時から48時間以内に書類及び証拠物とともにこれを検察官に送致する手続をしなければならない。
　〈2項3項略〉
　　④　第1項の時間の制限内に送致の手続をしないときは、直ちに被疑者を釈放しなければならない。

　そして、48時間以内に検察官のほうに身体を送ります。そうすると、検察官はどうするか、205条という条文をみてください。

　　▶▶▶第205条
　　検察官は、第203条の規定により送致された被疑者を受け取つたときは、弁解の機会を与え、留置の必要がないと思料するときは直ちにこれを釈放し、留置の必要があると思料するときは被疑

Ⅱ　捜査の開始……43

者を受け取つた時から24時間以内に裁判官に被疑者の勾留を請求しなければならない。

②　前項の時間の制限は、被疑者が身体を拘束された時から72時間を超えることができない。

③　前二項の時間の制限内に公訴を提起したときは、勾留の請求をすることを要しない。

④　第1項及び第2項の時間の制限内に勾留の請求又は公訴の提起をしないときは、直ちに被疑者を釈放しなければならない。

〈5項略〉

　1項で「検察官は、第203条の規定により送致された被疑者を受け取つたときは、弁解の機会を与え、留置の必要がないと思料するときは直ちにこれを釈放し、留置の必要があると思料するときは被疑者を受け取つた時から24時間以内に裁判官に被疑者の勾留を請求しなければならない」と書いてあります。

　被疑者は逮捕されてからまず48時間以内にかぎり、警察に拘束されます。警察に逮捕されてから、弁解の機会を与えられ、弁護人を選任できることを教えてもらい、簡単な取調べをされた結果身体拘束の必要がないということになれば、その場で釈放になります。しかし、身体拘束の必要があると警察段階で判断されると、48時間以内に検察庁に送られます。

　そこで、検察官がもう1回その被疑者に面接をして、弁解を聞いたりするわけです。検察官が、この被疑者は身体拘束の必要がないと判断すれば、ただちに釈放ということになります。しかし、これはちょっと身体拘束の必要があると考えたら、さらに24時間以内に今度は勾留という手続を請求しなければならないと規定しているのが、205条です。

　というわけで、警察段階で48時間、検察段階で24時間、あわせて最長72時間の間、逮捕で身体拘束できるということになります。

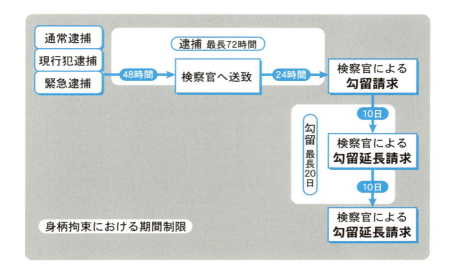

身柄拘束における期間制限

(2) 勾留

それでは、勾留はどのようになされるのかということですが、これは207条に書いてあります。

▶▶▶第207条
　前3条の規定による勾留の請求を受けた裁判官は、その処分に関し裁判所又は裁判長と同一の権限を有する。但し、保釈については、この限りでない。
〈2項3項略〉
　④裁判官は、第1項の勾留の請求を受けたときは、速やかに勾留状を発しなければならない。ただし、勾留の理由がないと認めるとき、及び前条第2項の規定により勾留状を発することができないときは、勾留状を発しないで、直ちに被疑者の釈放を命じなければならない。

207条1項本文には「前3条の規定による勾留の請求を受けた裁判官は、

キーワード　勾留
被疑者または被告人の身体を拘束する裁判とその執行をいう。勾留には、**起訴前勾留**（被疑者勾留）と**起訴後勾留**（被告人勾留）とがある。起訴前勾留（207条1項）は、**検察官の請求により裁判官**が行う。これに対して、起訴後勾留は、第1回公判期日前までは裁判官が行い（280条1項）、それ以降は裁判所が行う（60条1項）。

その処分に関し裁判所又は裁判長と同一の権限を有する」とあります。つまり、裁判官が勾留の手続をします。

そして、実際の勾留については、208条に規定されています。

▶▶▶第208条

第207条の規定により被疑者を勾留した事件につき、勾留の請求をした日から10日以内に公訴を提起しないときは、検察官は、直ちに被疑者を釈放しなければならない。

②裁判官は、やむを得ない事由があると認めるときは、検察官の請求により、前項の期間を延長することができる。この期間の延長は、通じて10日を超えることができない。

勾留は、208条1項でまず、10日間の身体拘束が認められています。そうして10日間の間に起訴するかどうかを決めなければなりません。

また、2項で、勾留の期間の延長が規定されていますが、この期間延長は通じて10日間を超えることはできません。最初に10日間の身体拘束である勾留ができ、更に10日間延長ができますから、全部で最長20日間勾留ができることになります。そうして、最初の逮捕の3日（72時間）も加えると、全部で最長23日間、被疑者の身体拘束ができるということになります。この23日の間に検察官は起訴するかしないかを決めなければなりません。それ以外に内乱罪のような特別の犯罪については、更に5日の延長ができます（208条の2）。

先ほどの207条1項本文に「前3条の規定による勾留の請求を受けた裁判官は、その処分に関し裁判所又は裁判長と同一の権限を有する」とありました。これはどういうことかを説明しておきます。

起訴される前の勾留というのは裁判官が行います。これが最大20日間の勾留です。一方で、裁判所は、起訴された後も被告人を勾留することができます。起訴された後は2か月、更に1か月単位で勾留というものができ

46……第2章　捜査

ます。ですから、勾留というのは、起訴前の勾留と起訴後の勾留との2種類あるわけです。起訴される前の勾留が最長20日間、起訴された後は判決がでるまで、身体拘束されているわけです。これが起訴後の勾留になるわけです。

　起訴後の勾留は、裁判所が行います（ただし、予断排除の観点から、第一回公判期日までは、裁判官が行います〔280条1項〕）。これに対して、起訴前の勾留は、裁判官が行うわけです。

　つまり、207条1項本文は、裁判官が行う起訴前の勾留が裁判所が行う起訴後の勾留と同じであるという意味なのです。裁判所ができる起訴後の勾留というのは60条に規定されています。これも重要な条文です。

▶▶▶第60条

　裁判所は、被告人が罪を犯したことを疑うに足りる相当な理由がある場合で、左の各号の一にあたるときは、これを勾留することができる。

1　被告人が定まつた住居を有しないとき。

2　被告人が罪証を隠滅すると疑うに足りる相当な理由があるとき。

3　被告人が逃亡し又は逃亡すると疑うに足りる相当な理由があるとき。

　②　勾留の期間は、公訴の提起があつた日から2箇月とする。特に継続の必要がある場合においては、具体的にその理由を附した決定で、1箇月ごとにこれを更新することができる。但し、第89条第1号、第3号、第4号又は第6号にあたる場合を除いては、更新は、1回に限るものとする。

　③　30万円（刑法、暴力行為等処罰に関する法律（大正15年法律第60号）及び経済関係罰則の整備に関する法律（昭和19年法律第4号）の罪以外の罪については、当分の間、2万円）以下の罰金、拘留又は科料に当たる事件については、被告人が定まつた住

Ⅱ　捜査の開始……47

居を有しない場合に限り、第1項の規定を適用する。

　60条は起訴後の勾留を規定しています。起訴された後、被告人の身体を確保しておく、これが起訴後の勾留ということになります。

　逮捕された被疑者は逮捕で最長3日間、取調べで最長20日間の身体拘束を受けます。これが起訴前の勾留です。そして、検察官によって起訴された後も、そこで釈放されずに拘置所の中に入ります。ずっと身体拘束されたままの状態です。これを起訴後勾留といい、60条が根拠となります。

　どういうときに60条の勾留ができるかというと、1項1号、2号、3号に書いてある理由のときです。被告人が定まった住居を有しないとき、被告人が罪証を隠滅すると疑うに足りる相当な理由があるとき、被告人が逃亡または逃亡すると疑うに足りる相当な理由があるとき、の1つにあたるときです。3つが理由です。この3つの理由以外では勾留はできません。60条でもやはり勾留の要件として取調べの必要性はありません。つまり、取調べのための勾留ということは現行法上認められていないわけです。この60条を207条が準じて扱うということは、起訴前の勾留においても取調べ目的の勾留は認められないと解釈できます。

　このように、被疑者は、必要があれば、まず、逮捕されます。次に、起訴前の勾留、それから起訴されたならば、起訴後の勾留という手続の流れを経ていくということになります。

　捜査というのは、起訴される前までですから、起訴前の勾留のところまでが捜査の内容の範囲ということになります。

▶▶▶第88条
　勾留されている被告人又はその弁護人、法定代理人、保佐人、配偶者、直系の親族若しくは兄弟姉妹は、保釈の請求をすることができる。
　②　第82条第3項の規定は、前項の請求についてこれを準用す

48……第2章　捜査

る。

起訴された後は、先ほどの60条の勾留というのが行われたあと、被告人には、88条以下で、保釈という手続が認められています。

「勾留されている被告人又はその弁護人、法定代理人、保佐人、……は、保釈の請求をすることができる」とあります。88条、89条、90条という条文で、保釈が認められています。保釈とは、起訴後に勾留されている場合に、一時的に身体を解放してもらえる手続をいいます。

ところが、起訴前には保釈という手続はありません。207条1項ただし書をみてください。

▶ ▶ ▶第207条
　前三条の規定による勾留の請求を受けた裁判官は、その処分に関し裁判所又は裁判長と同一の権限を有する。但し、保釈については、この限りでない。
〈2項以下略〉

起訴前勾留には保釈はない、ということを早めに理解しておきましょう。207条1項ただし書は、「保釈については、この限りでない」と書いてあります。これは、起訴前の勾留では保釈が認められないということを意味しています。

よく、保釈金を何千万円も積んで外へ出てきたとか、保釈金を積んだとかいう言葉を聞くことがあると思いますが、これは起訴された後のことをいっています。

さて、今の段階で覚えておいてほしいことは、逮捕は3日間（72時間）、勾留が20日間ということです。これは早めに覚えておいてください。その間に、実際上は、検察官は起訴するかどうかを決めなければいけないということです。これは本当に時間との闘いで大変です。今までのところが身体拘束の話の基本です。

キーワード 保釈
保釈保証金の納付を条件として、被告人に対する勾留の執行を停止し、その身体拘束を解く裁判とその執行のことをいう。

II　捜査の開始……49

公判期日等への出頭及び裁判の執行の確保のための令和5年改正

令和5年法律第28号での改正により、被告人の出頭を確保し、刑の執行を確保するための規定が新設されました。

近年、刑事犯等における保釈率が上昇するなかで、保釈中や保釈が取り消された被告人、または刑が確定した者が逃亡するといった事案が増加しており、こうした被告人の逃亡を防止するためのより実行的な法整備が喫緊の課題としてあげられていました。

そこで、被告人の出頭をより確実にすべく、この改正により不出頭の場合の罰則が新設されました。

たとえば、保釈や勾留の執行停止を受けている被告人が正当な理由なく召喚に応じない場合、2年以下の拘禁刑に処されることになったこと（278条の2）などがあげられます。

他にも、この法改正により、裁判所が、保釈や勾留の執行停止の決定の際に、被告人の逃亡を防止するためのさまざまな措置をとることができるようになりました。たとえば、保釈や勾留の執行停止の決定の際に、裁判所は監督者を選任することができ（98条の4第1項）、監督者は被告人の逃亡防止や公判期日の出頭の確保のために必要な監督を行うこととされています（98条の4第3項）。また、被告人が国外に逃亡することを防止するため必要がある場合、裁判所は、被告人に対して、位置特定端末の装着を命じることができ（98条の12第1項）、加えて被告人が出国の際に立ち寄ることとなる特定の地域を所在禁止区域として指定し（98条の12第2項）、その区域内に所在することを禁止することができるようになりました（98条の14第1項1号）。

さらには、刑の執行の確保のため、拘禁刑以上の刑に処する判決を受けた者は、裁判所の許可なく本邦を出国することができないという規定（342条の2）も新設されました。

刑事訴訟においては、この本の冒頭でお話ししたとおり、真実発見や適正な処罰と人権保障との調和という観点が重要です。身体拘束が被告人の利益の重大な制約となることを重視すれば、保釈はできるかぎり認められるべきであるということになるでしょう。しかし、それにより被告人の逃亡が容易になってしまっては、真実発見や適正な処罰の要請に反することになってしまいます。この法改正で新設された被告人の逃亡を防止するための規定は、まさにこれらの調和をめざしたものといえるでしょう。

なお、この新設規定の多くは、2028（令和10）年5月16日までに施行されます。

さて、勾留の場合には、逮捕という短期の身体拘束を先行させる必要があります。これを逮捕前置主義といいます。逮捕前置主義とは、被疑者について勾留請求するには、前提として適法な逮捕がなされなければならないとする主義のことをいいます。簡単に言えば、勾留よりも短い、短期の身体拘束期間である逮捕を初めにして、それから勾留をしなさいということなのです。

　勾留にも、逮捕と同じように、勾留状という令状が必要です。すなわち身体拘束のためには、まず逮捕の段階で令状が必要、次に勾留の段階でまた令状が必要、2度の裁判官によるチェックが入ります。2度の司法審査が必要ということです。

　勾留は1度だけ延長できます。したがって、逮捕から通算すると最大で23日間の身体拘束が認められるわけです。

　逮捕前置主義の根拠は、207条1項本文の「前3条の規定による勾留の請求を受けた裁判官は……」にあります。つまり、前3条というのは、これは逮捕の後、勾留請求をしたという場面です。それから実質的にも司法審査を2回要求することになると、逮捕状のときと勾留状のときと2度裁判官がチェックすることによって、より人権を保障できるということが逮捕前置主義の理由というわけです。

（3）逮捕・勾留に関する原則──事件単位の原則

　さて、次に逮捕・勾留に関する原則として、事件単位の原則というものがあります。逮捕・勾留については令状主義、逮捕前置主義も重要な原則ですが、逮捕・勾留が何を単位としてなされるのかについては議論があります。何を単位として勾留が生じるのか。事件を単位にするので、事件単位の原則というふうによばれます。事件単位の原則の反対概念が、人単位の原則です。

キーワード 逮捕前置主義

勾留には、逮捕の先行が必要であるという原則をいう。207条1項が「前3条の規定による勾留の請求を受けた裁判官は」と規定していること、逮捕を先行させることによって被疑者の身体拘束についての司法審査を2回保障することになり、人権保障にも資することより、この原則が認められる。

Ⅱ　捜査の開始……51

事件単位の原則は、何を基準に逮捕・勾留をするのかというと、事件を単位に逮捕・勾留をするということです。たとえば、窃盗罪をやったと疑われるので、窃盗罪を基準に逮捕・勾留します。さらには詐欺罪もやった疑いがあれば、詐欺罪を基準に逮捕・勾留します。このように、事件ごとに逮捕・勾留というのを見ていくわけです。その被疑者という人を単位にして、逮捕・勾留を決めるわけではありません。事件ごとに決めていきます。ですから、窃盗罪を基準に逮捕・勾留が23日間、それから実は、彼は殺人もやったらしいという場合には、今度は別に殺人罪を基準に、逮捕・勾留で23日間というように、事件ごとにその身体の拘束ができるわけです。

　たくさんの犯行をした人は身体拘束期間が長くなるということになります。つまり、その人1人につき23日間というわけではなく、1事件ごとに23日間という身体拘束期間が発生するからです。これは被疑事実ごとに要件が法定され、身体拘束の基本原理ともいえる令状主義に由来するということになるわけです。

　このように事件単位の原則から更に、逮捕・勾留の1回性の原則が出てきます。すなわち、逮捕・勾留は、1事件につき1回しか許さないということです。1事件につき1回しか許さないのは当然のことです。もし、何回も何回も同じ事件で逮捕・勾留できたとしたら、23日間という身体拘束期間を限定した意味がなくなります。

　そして、この1回しか許されないということから、2つの原則が派生します。まず1つ目は、同時に同一事件について分割して複数逮捕・勾留はできないということです。これを一罪一逮捕・勾留の原則といいます。2つ目は時を異にして逮捕・勾留を繰り返すことはできないということです。これを再逮捕・再勾留禁止の原則といいます。

　さて、再逮捕・再勾留禁止の原則は、割とわかりやすいと思います。再逮捕・再勾留というのは、たとえばある窃盗事件で逮捕し23日間身体を拘

キーワード 事件単位の原則
逮捕も勾留も事件（被疑事実）単位で
行われるという原則をいう。

束をした被疑者を、その後何回も同じ事件で逮捕・勾留するということを続けていくことです。これは当然認められないということになります。法が定めた最長で23日間という身体拘束期間を延長するようなことになりますから、それは認められません。

　これに対して、同時に同じ事件に対して分割して複数逮捕・勾留することは許されないという一罪一逮捕・勾留の原則は、わかりにくいかもしれません。

　では、具体的な例として、ある被疑者Aについて、B宅における住居侵入罪と窃盗罪の嫌疑がかかっている場合を考えてみることにしましょう。この場合、住居侵入罪と窃盗罪は、手段・目的の関係にあることから、牽連犯（刑法54条1項後段）として科刑上一罪の関係となります。すなわち、実体法上1個の犯罪として扱われることになります。これは、逮捕・勾留についても、住居侵入罪と窃盗罪という両罪を1つの罪として扱わなくてはならないことを意味します。

　そうだとすれば、捜査側が、被疑者Aを住居侵入罪で逮捕・勾留しておいて、さらに科刑上一罪の関係にある窃盗罪で再び逮捕・勾留したいと思っても、そのような方法は認められないことになります。すなわち、実体法上1個の犯罪である住居侵入罪と窃盗罪を、住居侵入罪と窃盗罪とに分割した上で、複数の逮捕・勾留を行うことはできないのです。これが、一罪一逮捕・勾留の原則です。

　以上のような原則は、結局は捜査機関による捜査権限の濫用を抑えるための令状主義から発しています。令状主義、事件単位の原則、逮捕・勾留の1回性の原則、そして、逮捕・勾留の1回性の原則から一罪一逮捕・勾留の原則（同時反復の禁止）と再逮捕・再勾留禁止の原則（異時反復の禁止）とが位置付けられるわけです。

　しかし、実際の場面では、たとえばさっきの例にあげた窃盗A罪が常習

キーワード **逮捕・勾留の1回性の原則**
逮捕・勾留は、1事件について1回しか許されないという原則をいい、訴訟行為の1回性の原則のあらわれのひとつでもある。犯罪から社会を守るために強制処分という手段を認める以上、犯人と目される者に対して逮捕・勾留することは仕方がないが、それは、人権保障との関係で最小限であるべきであり、その最小限は1回であるからである。そ

Ⅱ　捜査の開始……53

窃盗の場合には逮捕・勾留の1回性の原則との関係で議論があります。常習犯は何回も同じような窃盗を繰り返してはいますが、全体が常習という一罪なわけです。

　ですから、常習犯がたとえば、4月に窃盗に入り、5月に窃盗に入り、6月に窃盗に入り……というように3回ぐらい窃盗を重ねたとします。そうすると、犯罪としては全体が常習窃盗一罪になるというわけです。最初の4月の段階の窃盗で逮捕・勾留されて、4月の段階の常習窃盗では、保釈になったとします。ところが、後になって、5月の段階でやった事件が発覚したものだから、捜査機関はその5月の事件について、取り調べるために勾留したいと思うわけです。しかし、常習窃盗は一罪であり、最初の常習一罪と後の保釈中に取り調べたいと思った常習一罪は重なってしまうわけですから、逮捕・勾留の1回性の原則から再勾留請求は認められないという考え方と、いや、このような場合は例外として認められるべきじゃないかという考え方があります。そのような議論があると思っておいてください。

(4) 逮捕・勾留に関する問題点──いわゆる別件逮捕・勾留

　それから、いわゆる別件逮捕・勾留というものがあります。オウムの事件のときに、別件逮捕が違法ではないかというようにいろいろな議論がありました。

> ┌─ケース3─────────────────────
>
> 　警察官Aは、強盗殺人事件の有力な被疑者としてBをマークしていたが、Bはなかなかしっぽをださず、証拠不足のため逮捕にいたりませんでした。このようなときに、たまたま、Bが2年前にC宅への無断立入りをしたことが判明し目撃証人もいたので、住居侵入罪でBを逮捕・勾留し、強盗殺人について徹底的に取り調べ、その結果Bが自

の内容として次の2つがある。
①一罪一逮捕・勾留の原則　　実体法上1個の犯罪を分割して複数の逮捕・勾留を行うことはできないという原則をいう。
②再逮捕・再勾留禁止の原則　　同一事件で繰り返し被疑者を逮捕・勾留することはで

54……第2章　捜査

白したので、今度は自白を証拠として強盗殺人罪で逮捕・勾留しました。このような手続は適法でしょうか。

　ケース3のような場合を別件逮捕・勾留というふうによびます。このケースでは別件というのが住居侵入罪です。それから本件というのが強盗殺人罪です。要するに、本当は本件で逮捕・勾留したいのだけれども、証拠がないので別件でとりあえず逮捕するということです。

　オウム事件（1995年）のときには、オウム真理教に関連する事件を取り調べたいが、直接その証拠がないものだから、とりあえず自動車運転で停止線をちょっとオーバーしたとか、ペンライトを持っていたから強盗予備罪だとか、小さなカッターナイフを持っていたから銃刀法違反だとかいうような別件で多くの人を逮捕していたわけです。別件で逮捕した上で、本件について取調べをする、そういうものが別件逮捕・勾留という議論になります。

　このような別件逮捕というものは、結論から言えば違法だというふうにいわれています。通説は違法としています。

　1人の者が複数の犯罪を犯している場合、ある事実については逮捕・勾留が可能だが、別の犯罪事実についてはまだ証拠が不十分という場合が出てきます。そして、逮捕したいと思っている犯罪事実に関する証拠がそろわないとき、逮捕・勾留のできる軽微な、本来なら軽微で逮捕するまでもないような犯罪で、ことさらに逮捕するような捜査を別件逮捕・勾留といいます。

　軽微な別件で逮捕して、証拠のそろってない本件について取り調べ、証拠を得ることを目的とするわけです。なぜ、これが違法で認められないのでしょうか。

　それは、「本件」については逮捕の要件を満たしていないにもかかわら

きないという原則をいう。訴訟行為の1回性の原則からしても、逮捕・勾留期間を法が厳格に法定していることからも認められる原則である。

Ⅱ　捜査の開始……55

ず、実質的には「本件」を目的にした逮捕をしているわけですから、「本件」を基準に考えた場合、逮捕の要件を満たしていないのに逮捕してるのと同じことだからです。しかも、「別件」で逮捕して、その間「本件」の取調べをしているわけです。そして証拠があがったから、更に「本件」でまた逮捕・勾留するということです。ということは、「本件」の取調べについて、身体拘束の23日間の倍を使っていることになるわけです。そのようなことは期間の法定を無視することになるわけです。

つまり、最初の逮捕は「本件」を取り調べるために利用された、いわば口実にすぎないのです。逮捕は自白獲得のための手段とされているにすぎません。逮捕・勾留の理由に自白を得るためという要件はありません。逮捕・勾留を自白獲得のための手段にしていること自体がまず違法というわけです。

それから、更に「別件」による拘束後に、「本件」による拘束が見込まれている点で法定の拘束期間の潜脱になるというわけです。重い「本件」については2度取り調べることと同じことになります。

さらには、捜査機関の真の狙いである「本件」については、何ら令状が得られておらず、実質上令状主義に反します。強盗殺人については裁判官の令状を得ていないのに強殺殺人について逮捕・勾留したのと同じことになってしまうわけですから、令状主義の潜脱になるというわけです。このような点から、これらは違法な逮捕・勾留であるということが学説の通説（本件基準説）でもあり、別件逮捕・勾留は違法だという下級審判例もでています。

(5) 証拠の採取のための強制処分（証拠の収集）

ここからは、証拠の採取の話に移りましょう。38頁の図をもう一度見てください。今、お話しているのは、法律によって定められた強制捜査の種

類・内容です。法律で認められた強制捜査には、被疑者の逃亡防止・罪証隠滅の防止のためのものと、証拠の採取のためのものとがあって、ここまで前者について説明してきました。証拠の採取のための強制捜査として、捜索・押収・検証・鑑定を実行する場合があります。これらはすべて強制処分ですから、それに見合った令状がなければなりません。したがって、これらについては、まず法定されていること、そして、捜査令状がなければならないということです。

a. 捜索

文字どおり探すことです。証拠がありそうな場所に行って、証拠を探すための強制捜査です。証拠がありそうな場所というのは、人の住居がまず多いでしょうが、人の身体自体である場合もあります。ポケットの中の物を捜すことは、まさに身体の捜索をすることになります。

b. 押収

押収も、文字どおり押さえて収めることです。物を取得する処分を押収といいます。細かく分けると、押収の中には、差押え（99条1項）、提出命令（99条2項）、領置（101条）があります。差押えは、同意がなくても無理矢理持ってくることです。領置というのは、相手の同意を得て持ってくることです。いずれにせよ、いったん捜査機関側に物の占有が移転すると、いつでも返してくれとはいえなくなるという意味で、強制処分ということになります。いったん、任意に渡した物でも領置という強制処分になるともはや返してもらえなくなります。提出命令というのは、差押えの対象となる物を指定し、所有者、所持者または保管者に対してその物の提出を命じる裁判をいいます。差押えと領置は、裁判所が行う場合と捜査機関が行う場合とがありますが、提出命令は、裁判所にのみ認められています。

c. 検証

場所・物・人について強制的にその形状を五官（五感）の作用によって

キーワード 捜索

一定の場所、物または人の身体について、物または人の発見を目的として行われる強制処分をいう。

Ⅱ　捜査の開始……57

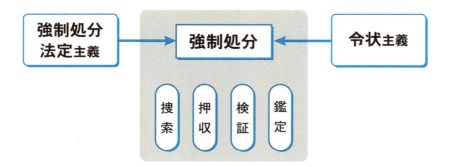

認識する処分のことを検証といいます。

　たとえば、マンションで人が殺されたとします。どのように殺されていたのかということは、後で犯人の特定やその者の仕業であるということの重要な証拠になります。ですが、その殺人現場の状況は物と違って状況ですからそのまま持っていくわけにはいきません。そこで、法廷で裁判を行う際に現場の状況がよくわかるように、客観的な文書にまとめておくことが必要です。こういう状況把握をするための処分のことを検証といいます。

　このあたりに死体がこんなふうに横たわっていたということなどを写真に撮ったり、文書の形で記録に残したりします。それが検証です。

　交通事故のニュースなどで、現場検証という言葉を聞いたことがあると思います。警察官が事故の現場のところで巻き尺で距離を測ったり、チョークで何かを書いたりしています。あの現場検証というのは、この検証という強制処分と内容は同じことですが、これは実況見分とよばれる任意の捜査方法です。この任意で行っているものを実況見分といいます。ですから、強制処分として行われるものを検証、任意処分として行われるものを実況見分といいます。やっている中身は同じことなのです。

　ですから、ある人の家に入って、写真を撮ったり長さを測ったりなどい

ろいろな記録をしたりする場合、そこの住居の管理者が嫌だと言っても、強制的に行うのが検証です。これに対して、道路のような公共の場所が対象ですと強制力を用いるまでもなく任意で行えます。それを実況見分というわけです。

d．鑑定を実行する場合

鑑定とは、特別の知識・経験に基づく専門家による判断のことです。鑑定処分とは、その鑑定をするのに必要な処分のことです。

たとえば、捜査機関による鑑定嘱託自体は任意処分ですが、鑑定を実施するために、人の居住に立ち入るなどの強制力の行使を必要とする場合があります。このような行為が鑑定処分であり、裁判官の許可状（鑑定処分許可状）が必要とされます（225条・168条1項）。

注意点として、証拠を採取するための強制処分として、検証や鑑定処分があるといいましたが、検証や鑑定処分自体が証拠ではないということです。検証や鑑定の結果を記載した書面、その書面自体が証拠になるということになります。ですから、検証や鑑定処分などの強制処分は、捜査の方法ですが、その捜査した結果を記録した書面を法廷に持ってきて、証拠として調べるということになるわけです。

e．証拠を採取するための強制処分に関する問題点——強制採尿

このような強制捜査の中で特に議論になったものが、強制採尿という手続です。これが認められるのかどうかということは重要論点のひとつです。この強制採尿というのは、尿検査のことです。なぜ尿検査の捜査をするのかというと、覚醒剤を注射したり、鼻から吸ったりして体の中に採取すると、尿の中に覚醒剤の成分が出てくるのです。それがフェニル・メチル・アミノ・プロパンというものです。それが決定的な、覚醒剤を体の中に入れた、つまり自己使用したということの証拠になるわけです。

もう少し科学技術が進んでいくと、髪の毛などを調べれば覚醒剤を使っ

Ⅱ　捜査の開始……59

たかどうかわかるといわれていますが、とりあえず今一番ハッキリとわかるのが、この尿検査です。

　たとえば、覚醒剤を自己使用したと疑われる人を逮捕したとします。警察官はその人を連行してきて、尿検査をしようとするわけです。尿検査ですから、「おしっこしなさい」と言ってコップを渡し、それに尿を入れさせます。それに応じないときにどうするかというと、一生懸命にジュースを飲ませたり、いろんなことをします。それでも、覚醒剤を使う人は尿検査でプラス反応が出れば裁判では有罪が確実ということを知っていますから、絶対に水分をとりません。ですから、尿検査には絶対に否認して応じようとしないわけです。

　このような場合、任意にやろうとしてもダメですから強制的に尿を採取できるか、つまり強制処分として尿の採取ができるかどうかという問題になります。実際に現在でも行われていますが、嫌がる人を無理矢理押さえつけて、カテーテルというゴム管を尿道に突っ込んで吸い出すということをします。そういう強制的な採取の仕方が許されるのかという議論があります。

　これはまず、無理矢理ゴム管を挿入するわけですから、かなり痛そうな気がします。ちょっと想像するだけでぞっとします。それからまた、個人の羞恥心を著しく侵害する点や人格の尊厳の尊重という観点で考えても、これはちょっと認められないのではないかとも思えます。男女を問わず、尿道に管を挿入して膀胱から無理やり尿を採ってしまうというものが覚醒剤の強制採尿とよばれるものです。現実にはそういう捜査が行われています。

　それがやり方として、手段として本当に人権侵害ではないか、手段の相当性の点ではどうなのかなどが議論になっています。しかし、一応、一定の厳しい条件のもとで、たとえば医師が実際やらなくてはいけないとか、

きちんとした手続をして、その上で医学上相当と思われる方法を採らなければならないというような、さまざまな要件のもとで例外的に許されている方法と思っておいてください。判例は要件を厳格に絞った上で、強制採尿を認めています。

f．科学的捜査

相手に物理的な強制力を行使したり、義務を負わせることもなく人権侵害をするような科学的捜査方法というものがあります。1つは、写真撮影やよく高速道路でみかける自動速度監視装置、コンビニなどにある防犯カメラのような撮影方法です。そして、秘密録音、電話などの盗聴、逆探知などの通信に対する捜査方法です。これらの捜査方法は秘密裏にプライバシーなどの人権を侵害するおそれがあります。しかし、刑事訴訟法にはこれらの捜査に対する明文の規定がありません。憲法の人権保障の観点から、これらの科学的捜査の違法性が裁判でも争われるケースが増えています。なお、盗聴については「通信傍受法」が1999（平成11）年に国会で成立しましたが、盗聴合法化の内容には学界から多くの批判がでています。

(6) 供述を得るための捜査

a．任意捜査の原則

次に、供述を得るための捜査についてです。まず原則は任意捜査です。供述証拠を採取するにあたっても、任意捜査の原則によって相手方の任意に基づくのが原則です。したがって、相手方が任意に話してくれた場合でないかぎり、強制的に無理矢理話をさせることはできません。任意に話した結果を調書に記録することはもちろんかまいません。問題は、供述しろと義務を課すことがはたして認められるかということです。

b．供述義務を課すことの是非

まず、証人と被疑者・被告人とを分けて考えます。

通信傍受法

盗聴とは、通話の当事者に無断で、その通話内容を聴取することをいいます。薬物・銃器犯罪などの組織的な犯罪に対して、既存の捜査方法では、末端の行為者しか捕らえられませんでした。そのため、組織犯罪対策として盗聴が必要とされるのです。

盗聴は、通信の秘密（憲法21条2項後段）や個人のプライバシー権を侵害しますから、強制処分といわなければなりません。強制処分法定主義の規制をクリアするため、従来実務では、検証令状の一種である「電話令状」により盗聴を行っていました。しかし、検証が可能なのは対象の性状把握までであって、会話内容の把握は本来予定していないのではないかという根本的な疑問があります。そのため、従来は、現行法上盗聴を行いうる強制処分規定は存在しないというのが多数説でした。

このような批判を受け、1999（平成11）年、刑事訴訟法222条の2「通信の当事者のいずれの同意も得ないで電気通信の傍受を行う強制の処分については、別に法律で定めるところによる」が新設され、2000（平成12）年8月15日、通信傍受法が施行されました。

この法律では、通信傍受は前述のとおりプライバシー侵害の危険性が高いため、対象犯罪を真相解明が困難な4罪種（薬物関連犯罪、銃器関連犯罪、集団

密航に関する罪、組織的な殺人）に限定しました（通信傍受法3条1項）。そして、令状発付の要件として、①犯罪の嫌疑、②犯罪関連通信の蓋然性、③補充性が要求されています（通信傍受法3条1項）。また、検察官または司法警察員から地方裁判所の裁判官に対して通信傍受令状の請求を行うこととなっており（通信傍受法4条1項）、一般の令状に比べて請求権者・発付権者とも範囲が限定され、慎重を期しています。

このように、盗聴法の制定によって盗聴の理論上の問題は一応解決されたといえますが、運用次第では人権侵害の温床となってしまいます。そのため、通信傍受の運用状況は、政府によって国会に報告することとなっています（通信傍受法29条）。

また、2016（平成28）年改正において、通信傍受について、対象犯罪に殺人、略取・誘拐、詐欺等を追加しつつ、組織的な事案に限定するための要件を付加しました（通信傍受法3条1項）。また、暗号技術を活用し、記録の改変等ができない機器を用いることにより通信事業者の立会いを不要とした傍受を実施できるなどするようになりました（通信傍受法20条、23条）。ただ、このような制度が人権侵害の温床にならないために、目を光らせる必要があるといえるでしょう。

①証人の場合

▶▶▶第226条

　犯罪の捜査に欠くことのできない知識を有すると明らかに認められる者が、第223条第1項の規定による取調に対して、出頭又は供述を拒んだ場合には、第1回の公判期日前に限り、検察官は、裁判官にその者の証人尋問を請求することができる。

▶▶▶第227条

　第223条第1項の規定による検察官、検察事務官又は司法警察職員の取調べに際して任意の供述をした者が、公判期日においては前にした供述と異なる供述をするおそれがあり、かつ、その者の供述が犯罪の証明に欠くことができないと認められる場合には、第1回の公判期日前に限り、検察官は、裁判官にその者の証人尋問を請求することができる。

　②前項の請求をするには、検察官は、証人尋問を必要とする理由及びそれが犯罪の証明に欠くことができないものであることを疎明しなければならない。

　証人に物理的な苦痛を与えて供述を得ることはできないにしても、法的に供述義務を課すことは一応可能です。一定の事実を知っていそうな者に供述義務を課し、尋問し、供述しなかった場合には罰を与えるという方法です。証人という人に対しては供述義務を課すということは、一応認めてもいいのではないかということです。

　証人に、「知っているならばちゃんと話をしてください、知っているにもかかわらず、話さなかったり、ウソをついたりすると、偽証罪をはじめ、さまざまな制裁があります」ということを間接的に強制することは、憲法21条の表現の自由の例外のようなものとして一応許されると考えられています。

　ただ、もちろん、その証人が自分に不利益になるようなことは話す必要

Ⅱ　捜査の開始……63

はありません。自分に不利益なことについては黙秘権があります。そうで
はなくて、第三者的な立場で話せることは供述義務があるというふうに思
ってください。そういうことで、法は、被疑者・被告人以外の第三者に対
しては捜査段階にあっても一定の場合には証拠を得るための強制手段を認
めたわけです。

②被疑者・被告人の場合——黙秘権

▶▶▶第198条
　検察官、検察事務官又は司法警察職員は、犯罪の捜査をするに
ついて必要があるときは、被疑者の出頭を求め、これを取り調べ
ることができる。但し、被疑者は、逮捕又は勾留されている場合
を除いては、出頭を拒み、又は出頭後、何時でも退去することが
できる。
　②　前項の取調に際しては、被疑者に対し、あらかじめ、自己
の意思に反して供述をする必要がない旨を告げなければならない。
　③　被疑者の供述は、これを調書に録取することができる。
　④　前項の調書は、これを被疑者に閲覧させ、又は読み聞かせ
て、誤がないかどうかを問い、被疑者が増減変更の申立をしたと
きは、その供述を調書に記載しなければならない。
　⑤　被疑者が、調書に誤のないことを申し立てたときは、これ
に署名押印することを求めることができる。但し、これを拒絶し
た場合は、この限りでない。

▶▶▶第311条
　被告人は、終始沈黙し、又は個々の質問に対し、供述を拒むこ
とができる。
　②　被告人が任意に供述をする場合には、裁判長は、何時でも
必要とする事項につき被告人の供述を求めることができる。
　③　陪席の裁判官、検察官、弁護人、共同被告人又はその弁護
人は、裁判長に告げて、前項の供述を求めることができる。

問題は被疑者・被告人です。同じく犯罪について一番よく知っているであろうと思われる被疑者・被告人に供述義務を課すことはできません。まず黙秘権（憲法38条1項）が保障されているからです。黙秘権が保障されていますから、いわば当然のことです。

　つまり、犯罪捜査に対し真っ向から利害が対立しているこれらの者に供述義務を課すことは、被疑者・被告人の人権を完全に否定することになり、供述義務を課さないことによって守られる被疑者・被告人の人権保障という利益は、供述義務を課すことによって得られる利益（真実の発見）を凌駕するからです。要するに、人権保障と真実発見とを比べた場合には、人権保障のほうがより大切というわけです。

　黙秘権は憲法上の人権です。そして、刑事訴訟法上も黙秘権は保障されているのです。ですから、強制力をもって被疑者・被告人から供述を得ることはできません。これは常識として理解しておいてください。

　そこで、供述を得るために、つまり取調べをするために嫌がる被疑者・被告人を無理矢理連れてくることはできないということになりますから、供述を強制するために身体を拘束することも理論的にできないということになるわけです。

③被疑者・被告人の取調べ受忍義務の有無

　問題は、取調べ受忍義務という議論に関してです。まず、逮捕・勾留によって身体を拘束されている被疑者に対しては、取調べをすることができるかどうかということです。任意であればできるのですが、逮捕・勾留による身体拘束は何度もいうように、あくまでも証拠隠滅や逃亡のおそれや住居不定などという理由に基づいてなされるもので、取調べ目的で行うことはできません。

　ですから、たまたまその身体拘束されている状況を利用して取調べをしているにすぎないと考えるわけです。その取調べに際して、被疑者・被告

Ⅱ　捜査の開始……**65**

人が任意に話してくれたならば別にかまわないでしょう。任意捜査として許されるというわけです。問題はその逮捕・勾留によって身体拘束されている被疑者・被告人に対して、取調べを強制できるかということです。これが取調べ受忍義務があるかどうかという議論です。

　被疑者・被告人は、実際には刑事施設ではなく、警察の留置場（留置施設）に身体を拘束されていることが多いです。この留置場を代用刑事施設といいます。この留置場に身体拘束をされている人たちを警察の取調室まで連れてくるわけです。たとえば、「ちょっと話を聞きたいんだけどいいかな」と刑事さんが聞いたときに「わかりました。なんでも言いますから、話しますから」と答えるような人を連れてきて取調室で刑事さんが話を聞いたりすることは任意捜査ですから許されるわけです。問題は、「話すことなんかは何もない。しゃべりたくない」と言っている人を無理矢理取調室に連れてきて、取調べを受けろというふうに義務づけることができるかということです。

　取調べを受けろと義務づけるということとしゃべれと強制することは別の次元の問題です。そもそもしゃべりたくないと言っている人に対して、しゃべれと強制することは許されません。被疑者・被告人には黙秘権があるからです。

　要するに、供述を強制することはできないわけです。しかし、供述を強制するのではなく、取調べを受けろということを強制するだけだという場合にどう考えるかということです。供述を強制するのではなく、取調べを受けろということを強制するということは、「話したくない。何も話すことはない」と言っている被疑者を房から取調室まで連れてきて、「そこに座っていろ。これからオレが聞くことに答えたくないのなら答えなくていい。黙秘権があるから答えなくてもいいけれども、とりあえず話に付き合え」というふうな場合です。取調べを受けることを強制するだけであって、

66……第2章　捜査

別に話したくないのなら話さなくてもいいというふうに一応言って、しかし取調べだけはとりあえず受けてくれというような場合が取調べ受忍義務の有無という問題になります。

（ⅰ）被疑者の取調べ受忍義務の有無

198条という条文をみてください。

▶ ▶ ▶ 第198条

　検察官、検察事務官又は司法警察職員は、犯罪の捜査をするについて必要があるときは、被疑者の出頭を求め、これを取り調べることができる。但し、被疑者は、逮捕又は勾留されている場合を除いては、出頭を拒み、又は出頭後、何時でも退去することができる。

〈2項以下略〉

大切な条文です。198条の1項本文で、「検察官、検察事務官又は司法警察職員は、犯罪の捜査をするについて必要があるときは、被疑者の出頭を求め、これを取り調べることができる」と書いてあります。ただし書で、「被疑者は、逮捕又は勾留されている場合を除いては、出頭を拒み、又は出頭後、何時でも退去することができる」となっています。

ただし書にあるとおり、逮捕・勾留されていないかぎりは、いつでも出頭を拒んだり、帰ってしまうことができるわけです。まさに任意の取調べというわけです。

ですから、身体拘束されていない被疑者がちょっと話が聞きたいから来てくれないかと呼び出された場合を在宅被疑者の取調べというふうにいいますが、そのときには、忙しくて行けないと断ってもかまわないわけです。

しかし、逮捕・勾留されている場合を除いては、いつでも退去でき、出頭を拒めるのであれば、逮捕・勾留されているときには、出頭を拒めない、退去もできないじゃないかというように198条1項ただし書を反対解釈す

Ⅱ　捜査の開始……67

ると、取調べ受忍義務があるという結論になります。実務は、198条1項のただし書を反対解釈して、逮捕・勾留されているときには取調べ受忍義務があるという考え方をとります。

　ですから、逮捕・勾留されている被疑者を拘置されている房から取調室に連れてきて、被疑者が「今日はもう疲れたから寝たい。房に帰りたいんです」と言っても、取調べを受けろと強制することができる、退去はできないというふうに、198条1項ただし書を反対解釈するのが実務の考え方です。

　しかし、学者の先生方の大半は、実務の考え方はおかしいと考えています。被疑者に取調べ受忍義務などないと考えます。なぜなら、黙秘権を保障しながら、取調べ受忍義務を認めるというのは明らかにおかしいからです。黙っていていいけれども、取調べを受けろというのは、どう考えても矛盾しているではないかというわけです。黙秘をしていたいと言っている人に対して取調べを強制することは、まさに自白しろということを強制しているのとまったく変わらないじゃないかというわけです。ですから、取調べ受忍義務を認めるということは、自白を強制することにつながりやすいから問題であるという考え方です。

　つまり、外界から遮断された取調室での取調べ受忍義務を認めることは、法的な供述義務がないとしても、事実上被疑者の黙秘権が侵害される危険性は大きいと考えられるわけです。

　こういうわけで、実務と学説が真っ向から対立する場面であるということは覚えておいてください。

　また、この点に関連して、2016（平成28）年改正において、取調べの録音・録画制度が導入されました。これは、身体拘束中の被疑者を、裁判員対象事件および検察官独自捜査事件について取り調べる場合において、原則としてその取調べの全過程の録音・録画を義務づけるとともに、供述調

書の任意性立証には、録音・録画記録の証拠調べ請求を義務づける制度です（301条の2）。後者は、任意性に関する立証手段を制限する規定を設けることによって、間接的ではありますが、取調べ過程の録音・録画の励行を担保しようとしているのです。

（ⅱ）被告人の取調べ受忍義務の有無

次に、被告人の取調べ受忍義務です。これについては、実は判例も含めて否定しています。

被告人には黙秘権が保障されるのみならず、公判においても、一方当事者として検察官と対等に渡り合う地位が保障されています（憲法37条2項参照）。これが先ほど述べた当事者主義です。このような一方当事者に対して他方の当事者が調べるということは、当事者としての地位に矛盾するから認められないということになっています。

ですから、起訴された後は対等な当事者になってしまう被告人に対して一方的に取調べをするなんてことは認めるべきではないというのが、判例・実務そして学者の先生方の通説的な考え方です。

以上のところが捜査機関によるさまざまな強制処分の話です。

Ⅱ　捜査の開始……69

取調べの可視化

2007（平成19）年、捜査のあり方が問われる深刻な無罪判決などが相次いでだされ、世間の注目を集めました。1つ目が、富山県において、2002（平成14）年に発生した強姦等（現不同意性交等）事件で有罪とされた元被告人がすでに服役を終えた後、真犯人が判明し、2007（平成19）年10月10日、富山地方裁判所高岡支部において再審無罪判決が言い渡され、確定したという事件です（富山事件）。

2つ目が、鹿児島県において2003（平成15）年4月施行の鹿児島県議会議員選挙にかかる公職選挙法違反事件で、2007（平成19）年2月23日、鹿児島地方裁判所において被告人12名全員に対して無罪判決が言い渡され、確定したという事件です（志布志事件）。

これらの事件は、ともに取調べのあり方に問題があったとされています。

捜査段階における被疑者の取調べは、弁護士の立会いを排除し、外部からの連絡が遮断されたいわゆる「密室」において行われています。そのため、捜査官が供述者を威圧したり、利益誘導したりといった違法・不当な取調べが行われるおそれがあることが以前から指摘されてきました。また、公判で供述者が「脅されて署名させられた」と主張しても、取調べ状況を客観的に証明するものがないため、不毛な水かけ論に終始してしまうことが多く、裁判の長期化やえん罪の深刻な原因となっているという指摘もあります。

さらに、裁判員制度の実施に向けた刑事司法制度の改革の一環として、取調べの可視化が裁判官からも提案されました。

このような状況のもと、2016（平成28）年改正により、裁判員制度対象事件や検察官独自捜査事件について身体拘束中の被疑者を取り調べる場合には、原則として、その取調べの全過程の録音・録画が義務づけられることとなりました。検察官は、供述調書の任意性を立証するためには、当該供述調書が作成された際の取調べの録音・録画記録を証拠調べ請求しなければなりません。検察官が録音・録画記録を証拠調べ請求しない場合、原則として、当該供述調書の証拠調べ請求が却下されます（301条の2）。

ただし、このような可視化が義務づけられるのは、すべての刑事裁判の2％にすぎないと指摘されています。全面可視化にはほど遠いものにとどまっているのです。

Ⅲ　不当な捜査に対する被疑者の防御

❶総論

　捜査機関の捜査のいきすぎによって人権侵害が行われる心配もあります。そこで、被疑者の側がどのように防御したらよいのかという問題があります。

　捜査機関には犯罪から社会を守るという目的のためにもろもろの強力な手段が与えられています。これらの強力な手段の発動には法定の要件や裁判官の事前のチェック（令状主義）など、人権保障のための抑制システムがあるとはいえ、必ずしも適切に機能しない場合も考えられます。特に捜査段階では事態は流動的ですし、逮捕の手続などはその性質上、捜査機関のみが請求する一方当事者の手続ですから、逮捕される者に事前の同意を得たりすることはもちろんありえないわけです。したがって、捜査機関に都合のいいような形になってしまう危険性があると困ります。

　そこで、不当な捜査がなされないように、被疑者の人権をどう守っていくかということが必要になります。その1つが被疑者が不当な捜査処分を積極的に争う権利で、もう1つは法律の専門家たる弁護人の助力を得る権利で、これを認めようということになったわけです。

❷被疑者の不当な捜査処分を積極的に争う権利

　被疑者の側からの不当な捜査処分を積極的に争う権利としてどういうものがあるでしょうか。

　たとえば勾留された場合には、その勾留の理由を知らせろと請求する勾留理由開示請求というものがあります。207条1項本文と82条1項で確認してください。

キーワード　勾留理由開示

勾留されている被疑者・被告人に対して、裁判官が、公開の法廷で、勾留の理由を開示する制度で、憲法34条後段に基づくものである。被疑者は勾留にあたって勾留状を示され（刑事訴訟法73条2項）、勾留質問の際事件の告知も受けているが（61条）、それだけでは防御上不十分であり、また、その後の事情の変化もありうるので考案されたものである。

それからもう1つは、不当な勾留決定に対する準抗告の手続です。429条1項2号に規定されています。

▶▶▶第429条

裁判官が次に掲げる裁判をした場合において、不服がある者は、簡易裁判所の裁判官がした裁判に対しては管轄地方裁判所に、その他の裁判官がした裁判に対してはその裁判官所属の裁判所にその裁判の取消し又は変更を請求することができる。

1 　忌避の申立てを却下する裁判

2 　勾留、保釈、押収又は押収物の還付に関する裁判

3 　鑑定のため留置を命ずる裁判

4 　証人、鑑定人、通訳人又は翻訳人に対して過料又は費用の賠償を命ずる裁判

5 　身体の検査を受ける者に対して過料又は費用の賠償を命ずる裁判

② 　第420条第3項の規定は、前項の請求についてこれを準用する。

③ 　第207条の2第2項（第224条第3項において読み替えて準用する場合を含む。）の規定による措置に関する裁判に対しては、当該措置に係る者が第201条の2第1項第1号又は第2号に掲げる者に該当しないことを理由として第一項の請求をすることができない。

④ 　第1項の請求を受けた地方裁判所又は家庭裁判所は、合議体で決定をしなければならない。

⑤ 　第1項第4号又は第5号の裁判の取消し又は変更の請求は、その裁判のあつた日から3日以内にしなければならない。

⑥ 　前項の請求期間内及びその請求があつたときは、裁判の執行は、停止される。

これは勾留決定が60条の要件を満たしていない、要するに罪証隠滅のおそれも逃亡のおそれも住居不定でもないにもかかわらず勾留決定がなされ

キーワード **準抗告**

準抗告には、裁判官の裁判に対する準抗告と検察官等の処分に対する準抗告との2つがある。裁判官の裁判に対する準抗告とは、裁判官（裁判長・受命裁判官等）がした裁判（命令）に対して、その取消し・変更を求める不服申立制度をいう（429条1項）。検察官等の処分に対する準抗告とは、検察官・検察事務官・司法警察職員のした処分のうち、

た場合に、身体拘束する理由がないのに何で身体拘束するんだということの不服申立てです。これを準抗告といいます。

更には、勾留の取消請求（207条1項本文、87条1項）や不当な押収などに対する準抗告（429条、430条）、そして押収物の還付請求（123条2項）などがあります。捜査の段階では、こういったことしかありません。

▶▶▶第430条
　検察官又は検察事務官のした第39条第3項の処分又は押収若しくは押収物の還付に関する処分に不服がある者は、その検察官又は検察事務官が所属する検察庁の対応する裁判所にその処分の取消又は変更を請求することができる。
　②　司法警察職員のした前項の処分に不服がある者は、司法警察職員の職務執行地を管轄する地方裁判所又は簡易裁判所にその処分の取消又は変更を請求することができる。
　③　前二項の請求については、行政事件訴訟に関する法令の規定は、これを適用しない。

捜査から後の起訴後になったときには、保釈の請求（88条）が付け加わるわけです。捜査段階、被疑者の段階ですから、保釈は入っていません。

さて、勾留理由開示請求ですが、勾留されている被疑者に対して、裁判官が公開の法廷で、勾留の理由を開示する制度で、憲法34条後段の規定に基づくものです。

ただ、この勾留理由開示請求というのはオウム事件のときなどでも使われたりしましたが、実際にはその裁判官が勾留の理由を説明するというよりは、むしろ、被疑者を励ます場みたいなものとして弁護人が使うことが多いわけです。というのは、逮捕・勾留によって身体拘束されている被疑者というのは、一般の人とはもちろん会えません。弁護人とたまに会えるだけで、家族の者とも会えなかったりします。そうすると、非常に孤独で、いったい自分はどうなってしまうのだろうと心細い気持ちになっていきま

弁護人との接見指定の処分（39条3項）、押収・押収物の還付に関する処分に不服がある者が、裁判所にその取消し・変更を求める不服申立制度をいう（430条1項、2項）。

Ⅲ　不当な捜査に対する被疑者の防御……73

す。

　そんなときに勾留理由開示請求によって、被疑者を公開の法廷に連れて
くることができるわけです。そこで、裁判官が、この被疑者に対して、た
とえば「罪証隠滅のおそれがあるので勾留します」とただ一言言うわけで
す。本当に条文を読み上げるだけで、ほんの数秒で終わってしまいますが、
数秒でもその被疑者を公開の法廷に連れ出すことができます。

　その法廷には被疑者の支援者の人がいたり、その家族の者がいたりして、
少なくともそこで家族と会うことができます。実際の場面ではそういう場
を作るために勾留理由開示請求を使うわけです。

　ですから、本当に勾留の理由を説明してもらうという形で使うわけでは
なく、被疑者のために、手段として勾留理由開示請求を使うことがあるこ
とは知っておいてください。

　ここでは一応さまざまな処分に対する不服申立ての手段があるというこ
とだけわかってもらえればいいと思います。

❸弁護人の助力を得る権利

（1）弁護人選任権・接見交通権

　それから、最後に弁護人の助力を得る権利ですが、被疑者に今まで述べ
たような権利を与えたとしても、やはり法律の専門家ではないわけですか
ら、その権利の存在や使い方はわからないのが普通です。逮捕・勾留され
て外界から遮断された状況で、冷静でいることはきわめて困難です。

　そこで、法はこのような被疑者の権利を実効化し、被疑者の人権保障を
図るために法律の専門家である弁護人の助力を得る権利を保障したわけで
す。これが憲法34条前段の規定です。憲法34条前段をみてみましょう。

▶▶▶憲法第34条

　何人も、理由を直ちに告げられ、且つ、直ちに弁護人に依頼す

弁護人の助力を得る権利		
弁護人選任権 30条	接見交通権 39条	国選弁護権 36条、37条の2

　る権利を与へられなければ、抑留又は拘禁されない。又、何人も、正当な理由がなければ、拘禁されず、要求があれば、その理由は、直ちに本人及びその弁護人の出席する公開の法廷で示されなければならない。

　憲法34条前段で、被疑者に弁護人依頼権というものを保障しています。

　憲法34条後段で書かれている「その理由は……公開の法廷で示されなければならない」が勾留理由開示請求ということになるわけです。他方で憲法34条前段には「弁護人に依頼する権利を与へられなければ……」と書かれていますが、「弁護人に依頼する権利」が認められているというわけです。

　さて、憲法34条前段で、弁護人の助力を得る権利を保障したとありますが、その内容は、2つあります。まず、弁護人を自由に選べるという選任権（30条）と、立会人なく接見できる権利、接見交通権（39条）といいますが、この弁護人との接見交通権が保障されています。

　この弁護人との間の接見交通権が保障されているということは、選んだ弁護人と立会人なく接見できる、要するに会って話をしたりすることができるという重要な権利です。

　39条をみてみましょう。重要な条文です。

　　▶▶▶第39条
　　身体の拘束を受けている被告人又は被疑者は、弁護人又は弁護人を選任することができる者の依頼により弁護人となろうとする

Ⅲ　不当な捜査に対する被疑者の防御……75

者（弁護士でない者にあつては、第31条第2項の許可があつた後に限る。）と立会人なくして接見し、又は書類若しくは物の授受をすることができる。

② 前項の接見又は授受については、法令（裁判所の規則を含む。以下同じ。）で、被告人又は被疑者の逃亡、罪証の隠滅又は戒護に支障のある物の授受を防ぐため必要な措置を規定することができる。

③ 検察官、検察事務官又は司法警察職員（司法警察員及び司法巡査をいう。以下同じ。）は、捜査のため必要があるときは、公訴の提起前に限り、第1項の接見又は授受に関し、その日時、場所及び時間を指定することができる。但し、その指定は、被疑者が防禦の準備をする権利を不当に制限するようなものであつてはならない。

　39条1項に「身体の拘束を受けている被告人又は被疑者は、弁護人又は弁護人を選任することができる者の依頼により弁護人となろうとする者と立会人なくして接見し、又は書類若しくは物の授受をすることができる」と書いてあります。

　これは、たとえば逮捕・勾留によって身体拘束されている被疑者のところに弁護人が会いに行ったとします。弁護人が、これはどういう事情なのかと事情を聞いたり、あるいは言いたくないことは言わなくていいという黙秘権の告知をしたり、いろいろアドバイスしたりすることを接見交通権といいます。

　この接見交通権というのは、非常に重要で、特に「立会人なくして接見できる」というところがポイントです。よく、テレビドラマで、声だけが通るようにぽちぽちと穴が開いたガラスを境にその家族の人がこちら側で、被疑者があちら側で会話をするシーンがあります。そして、刑務官が「そろそろ時間です」と言うと、被疑者が立ち上がって、名残り惜しそうに離

76……第2章　捜査

れていく、というシーンが続きます。あのシーンでは側にいる刑務官が話を聞いています。

しかし、39条1項の規定は、被疑者や被告人が弁護士とそういう立会人なしに秘密の話ができるということを保障しています。ですから、まさに捜査機関には聞かれない秘密の話がそこでできるということです。そこでいろいろ話をしたり、黙秘権を告知してあげたりするわけです。先ほどの弁護人の依頼権・選任権もそうですが、接見交通権は弁護人とそれから被告人・被疑者の権利が保障されるべきとする非常に重要な権利です。

次に、先にあげた39条3項という条文があります。みてみましょう。39条3項本文に「検察官、検察事務官又は司法警察職員は、捜査のため必要があるときは、公訴の提起前に限り、第1項の接見又は授受に関し、その日時、場所及び時間を指定することができる」と書いてあります。接見の日時、場所、時間の指定ができるわけです。これを接見指定といいます。「捜査のために必要があるとき」は、日時、場所、時間の指定をすることができます。そして、被疑者の防御の準備をする権利を不当に害することのないように、その接見指定ができるということになっています。

しかし、弁護人がすぐに被告人または被疑者に会いにその拘置所まで行ったとします。「すぐに会わせてください」という弁護人の要求に対して、捜査機関の側は、その要求どおりには弁護人を被告人または被疑者に会わせることはしません。というのは、弁護人が黙秘権があるから何もしゃべらなくてもいいとか、絶対に自白してはいけないとか、いろいろなことを教えてしまうからです。

そこで、弁護人と会わせないために、「今取調べ中で捜査のために必要がありますから、明日の何時何分に来てください」というようにこの日時の指定をしたりします。その指定のされ方次第では、結局は事実上会わせてもらえないのと同じことになってしまう場合もあります。

Ⅲ　不当な捜査に対する被疑者の防御……77

実際は、やはり初対面の被疑者・被告人ですから、どうしてもそこで打ち解けるまでに弁護人は、そこに来た理由や状況説明をしたり、弁護人の立場を説明したりするだけでだいたい10分や15分はかかってしまいます。それから普通の被疑者ならば逮捕・勾留されているだけで、もう気が動転していますから、その気を静めて冷静にさせるだけでやはり10分、15分くらいはかかります。

　ところが、実際に、接見指定は15分だけ会ってくださいとか、20分だけ許可しましょうというようになされます。そうすると、15分や20分の時間では、本当に初対面で気を許すところまではいかないわけです。それこそ自己紹介で終わってしまうこともあります。ですから、その弁護を実質的にするためには、この接見指定次第でずいぶんと変わってしまうことになります。本当にどこまでどんなふうにして接見指定ができるのかが、かなり重要な論点になっているわけです。

┌─ ケース4 ─────────────────────────
│　殺人罪で勾留されている被疑者Aにより選任された弁護人Bは、今
│後の捜査について相談しようとAの勾留後初めて接見しようとしてい
│ましたが、検察官Cは、現在Aを取調べ中であることを理由としてB
│との接見を許しませんでした。Cの行為は適法でしょうか。
└─────────────────────────────────

　たしかに、捜査機関も一定の計画のもとに捜査を行っていますから、いつでも接見を許したのでは困ることもあるでしょう。しかし、弁護人は、強大な捜査機関を相手にしている被疑者にとっては唯一といっていい助力者ですし、被疑者に認められた各種権利の実効性を担保し被疑者の人権保障を図るには弁護人の助力は不可欠です。そこで、39条3項本文の「捜査のため必要があるとき」の解釈は厳格に行われるべきでしょう。簡単に捜査のため必要があるときと認められて、接見の制限をすることは、今まで

述べたことからも問題があるということです。

　以上の点をふまえて、ケース4を検討してみましょう。Aは現在取調べを受けている最中ですから、これを中断して接見を認めると、捜査の中断による顕著な支障が生じるといえそうです。そうだとすれば、厳格に解釈する立場に立ったとしても、「捜査のため必要があるとき」にあたり、Cの行為は適法であるとも考えられます。しかし、「初めて」の接見は、前にも述べたとおり、被疑者が弁護人から最初に助言を受けられる機会ですから、これを速やかに行うことが被疑者の防御の準備のために特に重要です。よって、初回の接見の申し出があった場合は、捜査に顕著な支障の生じないかぎり取調べを中断して即時または近接した時点での接見を認めなくてはならず、これを認めないCの行為は、違法となります。

(2) 国選弁護人選任権

　次に、2004（平成16）年の改正で新設された37条の2によって、被疑者に国選弁護人選任権が保障されることになりました（これは、2016（平成28）年に更に改正されています）。これにより、貧困などによりみずから弁護人を選任できない被疑者にも、前述した弁護人選任権や接見交通権が実質的に保障されることになります。

　ここで、憲法37条3項をみてみますと、「刑事被告人は、いかなる場合にも、資格を有する弁護人を依頼することができる。被告人が自ら依頼することができないときは、国でこれを附する。」と規定しています。この憲法37条3項では、「被告人」に対して国が弁護人を付すると規定されているので、改正前の刑事訴訟法においては、被告人の国選弁護人選任権のみが保障され（36条）、被疑者には保障されていませんでした。そのため、大半の被疑者には捜査段階では弁護人がつかないことになり、被疑者の人権保障上、大きな問題が生じていました。たとえば、弁護人がついていな

> **キーワード** 国選弁護人制度
> 被告人・被疑者が自分で弁護人を頼めない場合に、裁判所・裁判長・裁判官が弁護人を選任する制度。私選弁護人の依頼権をどんなに保障しても、弁護料を払えない貧しい人にとっては弁護権の保障も画餅に等しいことより認められたものである。

Ⅲ　不当な捜査に対する被疑者の防御……79

い場合は、被疑者は、今後の防御方針が定まらないまま、また、動揺や不安を抱えたままで取調べを受けることになります。そうすると、連日の厳しい取調べから早く解放されたい一心で、捜査官に言われるままの、心にもないウソの自白をしてしまう可能性が高くなります。そして、この捜査段階での自白を、「取調べのとき強制されました」などと言って法廷で覆すのは非常に困難であるのが現実です。したがって、捜査段階で弁護人がいないということは、被疑者の防御権を侵害し人権保障の観点から問題となるとともに、虚偽の自白を誘発してえん罪事件の温床にもなりうるという真実発見の観点からの問題もはらんでいるといえるのです。

　このような問題意識から、1992（平成4）年に、日弁連が任意に当番弁護士制度を設けました。これは、当番の弁護士が待機し、連絡があり次第被疑者のもとにかけつけて、初回は無料で弁護を行うという制度です。当番弁護士制度の創設によって、捜査段階から弁護を受けられる被疑者の割合は、創設前の5％から、25％へと増加しました。しかし、依然として4分の3の被疑者が弁護を受けられず、また、弁護士過疎地域の弁護士さんの負担が過大であること、そもそも被疑者の弁護人選任が法律上整備されていないことが問題視されてきました。

　そこで、2004（平成16）年に立法化されたのが、被疑者の国選弁護人請求権です。2004（平成16）年改正下の37条の2によると、一定の重大事件の被疑者に対して、勾留状発布または勾留請求以降、貧困その他の事由で弁護人を選任できないときに、国選弁護人の選任を請求できるとされていました。さらに、2016（平成28）年改正により、被疑者国選弁護制度の対象が、被疑者が勾留された全事件に拡大されました（37条の2）。

　また、37条の2の創設と時を同じくして、2004（平成16）年に、総合法律支援法の成立という、被疑者・被告人共通した国選弁護人制度の整備がなされました。総合法律支援法により、日本司法支援センターが設立され、

この支援センターは、業務のひとつとして国選弁護人制度の運営を行うものとされています。支援センターと全国各地の部署が、常勤弁護士・契約弁護士を確保して、全国的に、迅速かつ確実な国選弁護人の選任が行えるような態勢を整えようというわけです。

　このような法制度の整備によって、被疑者段階と被告人段階で一貫した公的弁護体制をとることができるようになり、被疑者の弁護人請求権・接見交通権保障の実質化が図られることとなりました。

　以上のように捜査段階で被疑者または被告人の側も一定の防御をし、検察官の側は証拠を固めて、十分公訴提起できると判断したときは、次の公訴の提起（起訴）、そして公判手続という流れになっていきます。

Ⅲ　不当な捜査に対する被疑者の防御……81

理解度クイズ②

1　深夜にニヤニヤしながら歩いていた者に対する警察官の一連の行為のうち、違法なものはどれか。

① 「君、ちょっと待ちなさい」と声をかけた。

② 「おい待たないか」と、肩をつかんで停止させた。

③ 「いろいろ聞きたいことがある」と言った。

④ 「おいちょっと、かばんの中を見せろ！」と言った。

⑤ 無理やりかばんの中を調べたら、中から覚醒剤がでてきた。

2　次のうち令状主義の例外はどれか。

① 通常逮捕

② 現行犯逮捕

③ 強制採尿

④ 捜索・差押え

3　捜査機関が被疑者を逮捕・勾留により身体拘束できるのは、通算で通常最大何日間か。

① 　3日間

② 10日間

③ 13日間

④ 20日間

⑤ 23日間

4 憲法・刑事訴訟法が令状主義をとった趣旨として適当なものはどれか。

① 裁判官の威信確保

② 警察の手続上の便宜

③ 被疑者の人権保障

④ 国民の知る権利の確保

※解答は巻末

理解度クイズ②……83

第3章
公訴の提起

Ⅰ　誰が公訴の提起をするのか

Ⅱ　どのような場合に公訴を提起するのか

Ⅲ　どのようにして公訴を提起するのか

さて、弁護側が弁護をしながら、いろいろな取調べなどが行われて、捜査・検察側が十分な証拠を固めて、公判が維持できるということになると、今度は公訴提起という段階に入ります。この公訴提起とは、検察側が十分な資料を集めた上で裁判所に対して、「この者は、これこれの犯罪を犯したから、公開の法廷で確かめて処罰してくれ」と、請求することをいいます。公判と捜査をつなげる部分、それがこの第3章の公訴の提起ということになるわけです。

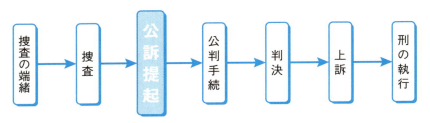

I　誰が公訴の提起をするのか

❶国家起訴独占主義
　▶▶▶第247条
　　公訴は、検察官がこれを行う。

　さて、公訴提起のところでは、誰がどのようにして、公訴提起、つまり起訴するのかということについて話をします。
　まずは、誰が公訴の提起をするのだろうか、ということですが、刑事訴訟法247条という条文から公訴という項目が始まります。そこに「公訴は、検察官がこれを行う」と書いてあります。検察官が公訴提起するという仕組みになっているのです。検察官というのは、国家機関のひとつです。で

すから、検察官という国家機関が起訴することになっているということ、それを知っておいてください。それを国家起訴独占主義といいます。

　公判手続を受けるために「この者が犯罪を犯したから、公開の法廷で確かめて処罰してくれ」と裁判官に請求する。この訴追の意思表示をすることが公訴提起です。

　では、この公訴を提起するかどうかは誰が決めるのでしょうか。実は、この公訴提起をなしうる権限をもつのは、検察官、すなわち国家機関のみということになっています。国家起訴独占主義とよばれています。国家が起訴を独占しているので、一般の市民が、あの人が何か悪いことをやったので起訴します、ということは日本ではできないことになっています。

　たとえば、イギリスでは、被害者が弁護士を雇って起訴することができます。イギリスは伝統的に、私人である被害者が独自に起訴するわけです。犯罪の被害者が弁護士を雇って、その弁護士にいろいろ頑張って調査をしてもらいながら、その弁護士が犯人を起訴するということがあります。ですから、被害者の側がこの事件の犯人は誰なんだろうと調査したり、捜査したりなど、いろいろと頑張らなければなりません。そういう側面があるので、あのシャーロック・ホームズみたいな探偵が出てきて、真実は何だろうかと被害者が調査してもらったりするということがあるわけです。ですから、なんで探偵が出てくる必要があるのかというと、今述べたような社会的な背景があるからです。しかし、日本では被害者が弁護士を雇って起訴するシステムではなく、あくまでも国家機関である検察官のみが起訴をすることになっています。

　ただ、現行法においても被害者の意思がまったく無視されているわけではありません。名誉毀損罪・器物損壊罪など、被害者の告訴がなければ公訴提起できない犯罪があります。これを親告罪といいます。親告罪というのは、被害者の告訴がなければ公訴提起できない犯罪のことです。なぜそ

Ⅰ　誰が公訴の提起をするのか……87

んなふうに被害者の告訴がなければ処罰できないというか、公訴提起できないようにしたのでしょうか。それは名誉毀損罪では、被害者のプライバシーや名誉が、法廷にでることによってかえって傷つけられることになるからです。それから器物損壊罪では、そんな犯罪なんて、おおげさにしてほしくないと、被害者は思うかもしれません。そういう被害者の意思を重視しようとしているからです。

　この2つの犯罪が典型例ですが、この2つは被害者の意思を待って初めて公訴提起できるということになっています。

▶▶▶刑法第230条

　公然と事実を摘示し、人の名誉を毀損した者は、その事実の有無にかかわらず、3年以下の拘禁刑又は50万円以下の罰金に処する。

　②　死者の名誉を毀損した者は、虚偽の事実を摘示することによってした場合でなければ、罰しない。

▶▶▶刑法第261条

　前3条に規定するもののほか、他人の物を損壊し、又は傷害した者は、3年以下の拘禁刑又は30万円以下の罰金若しくは科料に処する。

Ⅱ　どのような場合に公訴を提起するのか

❶起訴便宜主義

さて、どのような場合に公訴提起するのかという点で、次に起訴便宜主義という話をしましょう。

公訴提起の権限を与えられた検察官は、どうもこいつが犯人だ、嫌疑が十分にあると思ったとき、訴訟条件が備わったときに、常に起訴しなければならないのでしょうか。実は起訴する「権限」があるだけで、必ず起訴しなければならないというわけではないのです。検察官は捜査の段階で、当該被疑者が犯罪を犯したという確信を仮に得たとしましょう。十分な疑いがあるということになったときに、それでもその被疑者を起訴しないこともできるのです。起訴するかしないかは、検察官のある意味では自由な裁量にゆだねられています。

たとえば、スーパーマーケットで、若い学生が万引きをやって捕まりました。そのスーパーの警備員が非常に厳しい人で、警察にどんと突き出されてしまいました。万引きで突き出されて、警察で調べてみたら、万引きだけじゃなくて、昔、自転車泥棒もやったというのが見つかったとします。そこで、警察官もそれはちょっと放っておけないということで、検察官に事件を送致しました。検察官が取調べをしてみたら、たしかに、小さいころ自転車泥棒で補導されたらしい。今回スーパーで万引きもやったみたいだ。どうもこれは本人も自白しているし、現行犯で捕まっているわけですから、犯罪の嫌疑は明らかです。

たとえスーパーマーケットでチョコレート1個盗んでも、これは立派な窃盗罪です。明らかに構成要件に該当し、違法性阻却事由もないし、責任も満たします。それでは、窃盗罪にあたるとはっきりしたからといって、

> **キーワード　起訴便宜主義**
> 訴訟条件が具備し犯罪の嫌疑があるにもかかわらず、訴追の必要がないとして不起訴にする処分を起訴猶予といい、この起訴猶予を認める法制を、起訴便宜主義という。

常に起訴しなければならないのでしょうか。常にそうしなければならないということになると、チョコレートを1個でも盗んだ人は起訴されてしまうことになります。さて、それが、はたして本当に社会の治安維持や本人にとって、いいことなのだろうかということを考えてみなくてはいけないわけです。

　何も裁判所で刑罰という強い制裁をしなくても、たとえばその警備員や検察官の話を聞いて「あ、やっぱり自分のやったことは悪かったな。もう二度とするまい」というふうに反省して、それで十分な人がいるかもしれません。それから場合によっては、学校で、停学あるいは退学になってしまうかもしれません。

　そういう社会的な制裁があるかもしれないし、場合によってはそれで十分な人だっているかもしれない、何も刑罰という強い制裁を科さなくてもいいのではないか、というようなことを検察官がいろいろ考えるわけです。そのように世の中にとって、そしてその被疑者本人にとって、どういうことが彼の人生にとって、また社会全体の治安維持にとって、もっとも妥当な方法なのだろうかということを考えた上で、検察官はその被疑者を起訴するかしないかを決定することができます。それを起訴便宜主義といいます。公益的な見地からすると犯罪をすべて処罰する必要もない、すなわち刑罰を科さなくても社会秩序の維持を図ることができれば、もうそれでいい場合もあります。また、被害弁償を受けて、被害者も別に処罰は望まない場合もあるかもしれません。そこで、現行法は、検察官に公訴を提起するかどうかについての裁量を認めました。これを起訴便宜主義といいます。

　248条をみてみましょう。

▶▶▶第248条
犯人の性格、年齢及び境遇、犯罪の軽重及び情状並びに犯罪後の情況により訴追を必要としないときは、公訴を提起しないこと

キーワード 訴訟条件（民訴では訴訟要件）
訴訟が適法に遂行されるための要件（前提条件）のことをいい、訴訟条件が欠けた場合には、審理を打ち切って、形式裁判によって訴訟は終結する。これら訴訟条件は、管轄違いの事由、公訴棄却の事由（親告罪の告訴はこれに含まれる）、免訴の事由に分類できる。

90 ⋯⋯第3章　公訴の提起

ができる。

起訴便宜主義の条文です。248条には「犯人の性格、年齢及び境遇、犯罪の軽重及び情状並びに犯罪後の情況により訴追を必要としないときは、公訴を提起しないことができる」と書いてあります。検察官は訴追を必要としないときには公訴提起しないことができるということです。これは非常に大きな検察官の仕事になります。もっとも重要な意思決定といっていいかもしれません。

検察官がここで、起訴しないという意思決定をしたら、その後、刑事裁判にはならないわけですから、裁判官が出てくる幕がないわけです。言い換えれば、裁判官が判断をする前に、まず検察官が判断をしているのです。言葉にちょっと語弊があるかもしれませんが、いわば1回目の裁判のようなものです。検察官が実は一番最初に判断をしてしまっているわけです。つまり、検察官が、やはり公訴提起して、処罰してもらわないと困ると考えた事件だけが法廷に出てくることになり、そうなって初めて裁判官が裁判することになります。

このように、裁判官が判断をする前に検察官がまず判断をしてしまっているわけです。これは検察官の非常に大きなやりがいというか、生きがいみたいなものでもあるわけです。重大な事件を犯したということが、はっきりしているが、本人が本当に反省している場合には、更生させるために、ここで起訴しないほうがいい、本人のことをよく考えると、ここでしっかり話をして、起訴をいったん猶予してあげるということを検察官は判断します（これを起訴猶予処分といいます）。被疑者にしてみれば、「本当に有罪になったならば、もう自分の人生お先真っ暗だ」と思っているときに、検察官が起訴猶予にしてくれた場合、無罪判決と同じくらい、この起訴猶予という決定は本当にうれしくて、ほっとすることなのです。被疑者は、自分がやったことについて、「あ、やっぱり悪かったな、もう二度とする

Ⅱ　どのような場合に公訴を提起するのか……91

まい」と、本当に思う瞬間のひとつです。

　検察官になった多くの方々も、起訴便宜主義があるからこそ、自分は検察官になったといいます。ですから、本当に本人の改善・更生という観点から、この起訴猶予処分も含む起訴便宜主義というのは、検察官にとって非常に重要な役割というわけです。

　検察官になりたてのころは、このことが非常に仕事の上のやりがいになります。自分が取調べをしているときに、被疑者が本当に涙を流して反省している。そこで「じゃあ、もう絶対にやるんじゃないぞ」「はい、わかりました。本当に検事さんの話でよくわかりました、どうもすみませんでした。本当に心から反省しています」「今回は、本当にそれだけ反省しているんだから、起訴猶予処分にしてあげよう」というような話の流れの中で、起訴猶予処分をだします。そうすると、被疑者は本当にありがたがって、感謝して帰るわけです。ところが、２週間ぐらいして、その被疑者がまた犯罪を犯してきてしまうのを見ると、裏切られた気分になり、がっかりした気持ちになるそうです。そういうことをみんな経験するみたいです。

　検察官になった最初のうちはやはりみんな甘めに甘めに、優しくしてしまいがちになってしまうらしいのです。そんなときに先輩検察官から「ま、きっと戻ってくるよ」と言われると、「いや、そんなことありません。彼は本当にここで反省しましたから、絶対に大丈夫です」なんて答えるそうです。ところが、２、３週間後にまた犯罪を犯して戻ってくることがあります。そういう洗礼をみんな受けるのです。

　司法修習中に取調べ修習があって、検察官とともに、また検察官の代わりに取調べを実際にする修習があります。検察官がついていることもありますし、検察官がいないで１人で取調べをする場合もあります。本当に目の前の被疑者と話をしながら、調書を取る場合もあるわけです。私の取調べ修習で、万引きをした女性の方が「いろいろこういう事情があって、そ

ういうわけでやっちゃいました」と言って本当に目の前で泣いてしまいました。別に女性に甘くするというわけではなく、これは本当だろう、これだけ涙を流して反省しているのだから絶対に間違いないだろうと思って、起訴猶予にしたほうがいいのではないかと検察官に意見を述べました。検察官は「そうかなあ。じゃあまあ、君が調べたんだから、そういうことにしよう」と言ったので、起訴猶予にしました。しかし、案の定、彼女は戻ってきました。「じゃあ、あの涙は何だったんだろう」と思いました。別に女性の涙がどうこういうわけではありませんが、本当にころっとだまされました。

　こういうことはあるのですが、この起訴便宜主義によって、起訴猶予処分にできるということは検察官の仕事における大きなやりがいとなっています。

　さて、起訴便宜主義を定義すると、訴訟条件が具備し犯罪の嫌疑があるにもかかわらず、訴追の必要がないとして不起訴にする処分を起訴猶予といい、この起訴猶予を認める法制ということになります。

　訴訟条件が具備し、犯罪の嫌疑があるにもかかわらず、というところがポイントです。要するに、嫌疑がなければ、嫌疑不十分で釈放されるわけで、不起訴になるのは当たり前のことなのです。しかし、嫌疑はあるわけです。実際にやっていると思われるにもかかわらず、必要ないということで、不起訴にするのです。必要がないということで不起訴にすることを起訴猶予といいます。いいでしょうか、不起訴処分の中のひとつとして、起訴猶予があります。

　起訴しないという不起訴処分の中に、「嫌疑なし」もあるし、「起訴猶予」という処分もあるのです。ですから、同じ不起訴処分でも、起訴猶予処分と、嫌疑なしでは、全然意味が違うことになります。嫌疑なしというのは、犯罪をやっていないので、釈放になるという当たり前のことです。

Ⅱ　どのような場合に公訴を提起するのか……93

ところが、犯罪をやっていると思われるにもかかわらず、起訴しないことを起訴猶予というのです。

❷訴訟条件と刑事訴訟の裁判

　起訴便宜主義の解説の冒頭で、「訴訟条件」という言葉が出てきました。民事訴訟の訴訟要件に該当するのが刑事訴訟の訴訟条件です。訴訟が適法に遂行されるための要件、前提条件のようなものです。これがないと、門前払いになるというものです。訴訟条件が欠けた場合には、審理を打ち切って、形式裁判というものによって訴訟は終了することになります。形式裁判というのは、これは民事訴訟の訴訟判決に対応します。いわば門前払いになってしまう裁判です。

　これら訴訟条件は、管轄違いの事由、公訴棄却の事由、免訴の事由の3つに分類されるのです。刑事訴訟における裁判というのは、どういう種類があるのでしょうか。

（1）実体裁判

　刑事訴訟法で出てくる裁判というのはどういうものがあるかというと、まず、実体裁判と形式裁判です。実体裁判とは、終局裁判のうち被疑事実に対する裁判を内容とする有罪・無罪の判断をいいます。つまり、有罪とか無罪とかという判断を実体裁判といいます。通常、私たちが裁判で判決がでたというときには、この有罪・無罪のことをいいますが、これを実体裁判といいます。

（2）形式裁判

　これに対して、形式裁判とは、実体に対する判断をしないで、手続を打ち切ってしまう裁判をいいます。いわば門前払いのようなものを形式裁判

というふうによんでいます。この実体裁判と形式裁判は、民事訴訟の本案
判決と訴訟判決に対応していると思ってください。それでその訴訟判決に
対応するものを形式裁判というふうにいいます。形式裁判には3種類あり
ます。管轄違いと免訴と公訴棄却です。

裁判というのは、このように5つに分類されているということを覚えて
おいてください。

a．管轄違い

管轄違いとは、どこの裁判所に訴えるのかというときに検察官が管轄を
間違えたりすると、管轄違い、ウチの裁判所じゃないという判断がだされ
ます。

329条本文で、管轄違いの判決という規定があります。

> ▶▶▶第329条
> 　被告事件が裁判所の管轄に属しないときは、判決で管轄違の言
> 渡をしなければならない。但し、第266条第2号の規定により地
> 方裁判所の審判に付された事件については、管轄違の言渡をする
> ことはできない。

329条本文は「被告事件が裁判所の管轄に属しないときは、判決で管轄
違の言渡をしなければならない」と規定しています。

b．免訴

それから、ちょっと変わった名前ですが、免訴判決というものがありま
す。免訴とはどういうものでしょうか。337条をみてみましょう。

> ▶▶▶第337条
> 左の場合には、判決で免訴の言渡をしなければならない。
> 一　確定判決を経たとき。
> 二　犯罪後の法令により刑が廃止されたとき。
> 三　大赦があつたとき。
> 四　時効が完成したとき。

Ⅱ　どのような場合に公訴を提起するのか……95

337条に免訴の判決をすべき事由である免訴事由がでてきます。337条は「左の場合には、判決で免訴の言渡をしなければならない」と規定します。まず、1号で「確定判決を経たとき」と書いてあります。これは、どういうことかというと、もうその事件について確定判決を経ている、たとえば無罪とか有罪とか判決がでている場合のことです。それにもかかわらず、何かの間違いでもう1回起訴されてしまった場合のことをいいます。そういうときには、この事件は、もう確定判決がでているから、もう再び審理はしませんという免訴の判決がでるわけです。それから、起訴はしたのだけれど、その後刑が廃止されてしまった場合、大赦という恩赦があった場合も免訴判決がだされます。

最も大切なのが、4号にある「時効が完成したとき」です。刑事事件も実は公訴時効があります。公訴時効とは、犯罪を犯してから一定期間逃げ回っていて捕まらないと、もう起訴ができなくなる仕組みです。250条、253条、254条をみてみましょう。

▶▶▶第250条
　時効は、人を死亡させた罪であって拘禁刑以上の刑に当たるもの（死刑に当たるものを除く。）については、次に掲げる期間を経過することによって完成する。
　　1　無期拘禁刑に当たる罪については30年
　　2　長期20年の拘禁刑に当たる罪については20年
　　3　前2号に掲げる罪以外の罪については10年
　②時効は、人を死亡させた罪であって拘禁刑以上の刑に当たるもの以外の罪については、次に掲げる期間を経過することによって完成する。
　　1　死刑に当たる罪については25年
　　2　無期拘禁刑に当たる罪については15年
　　3　長期15年以上の拘禁刑に当たる罪については10年

4　長期15年未満の拘禁刑に当たる罪については 7 年

5　長期10年未満の拘禁刑に当たる罪については 5 年

6　長期 5 年未満の拘禁刑又は罰金に当たる罪については 3 年

7　拘留又は科料に当たる罪については 1 年

③　前項の規定にかかわらず、次の各号に掲げる罪についての時効は、当該各号に定める期間を経過することによって完成する。

1　刑法第181条の罪（人を負傷させたときに限る。）若しくは同法第241条第 1 項の罪又は盗犯等の防止及び処分に関する法律（昭和 5 年法律第 9 号）第 4 条の罪（同項の罪に係る部分に限る。）20年

2　刑法第177条若しくは第179条第 2 項の罪又はこれらの罪の未遂罪　15年

3　刑法第176条若しくは第179条第 1 項の罪若しくはこれらの罪の未遂罪又は児童福祉法第60条第一項の罪（自己を相手方として淫行をさせる行為に係るものに限る。）　12年

④　前 2 項の規定にかかわらず、前項各号に掲げる罪について、その被害者が犯罪行為が終わった時に18歳未満である場合における時効は、当該各号に定める期間に当該犯罪行為が終わった時から当該被害者が18歳に達する日までの期間に相当する期間を加算した期間を経過することによって完成する。

▶▶▶第253条

時効は、犯罪行為が終つた時から進行する。

②　共犯の場合には、最終の行為が終つた時から、すべての共犯に対して時効の期間を起算する。

▶▶▶第254条

時効は、当該事件についてした公訴の提起によつてその進行を停止し、管轄違又は公訴棄却の裁判が確定した時からその進行を始める。

②　共犯の一人に対してした公訴の提起による時効の停止は、

Ⅱ　どのような場合に公訴を提起するのか……97

他の共犯に対してその効力を有する。この場合において、停止し
た時効は、当該事件についてした裁判が確定した時からその進行
を始める。

　250条1項柱書には、「時効は、人を死亡させた罪であって拘禁刑以上の
刑に当たるもの（死刑に当たるものを除く。）については、次に掲げる期
間を経過することによって完成する」と書いてあります。要するに、人を
死亡させた罪で、拘禁刑以上の刑にあたるものであった場合でも、死刑に
あたるもの（殺人罪など）以外の罪を犯した者は、何十年か逃げ回ってい
ると、公訴時効によって、もはや公訴提起することができなくなるのです。
また、「人を死亡させた罪であって拘禁刑以上の刑に当たるもの以外の
罪」（250条2項柱書）も、同じく公訴時効にかかります。253条に「時効
は、犯罪行為が終つた時から進行する」と書いてあります。そして、254
条には「時効は、当該事件についてした公訴の提起によつてその進行を停
止し……」と書いてあります。

　ですから、たとえ人を死亡させた罪であっても、「無期拘禁刑に当たる
罪」（たとえば、不同意性交等致死罪）を犯した場合には、犯罪行為が終
わった時から起訴されるまでの間に30年以上経過すると、もはや公訴提起
をすることができなくなるわけです（250条1項1号）。しかし、公訴提起
すると、そこで時効はいったん停止するということになっています。254
条に、時効は当該事件について公訴提起によって時効の進行を停止する、
と書いてあります。

　公訴時効は、一定期間経過してしまうと、起訴できなくなってしまうと
いう趣旨です。それにもかかわらず起訴があった場合には、337条の免訴
になります。

98……第3章　公訴の提起

公訴時効

2009（平成21）年6月、法務省に対して、殺人事件被害者の遺族の会「宙の会」から「時効制度撤廃に関する嘆願書」とこれに賛同する約4万5000人もの署名が提出されました。

どんなに凶悪な事件であっても、犯罪行為が終わった時点から、刑事訴訟法に定められた一定の期間を経過した後は、検察官は起訴することができなくなってしまいます。これが公訴時効という制度です（250条）。この制度の趣旨としては、時の経過により犯罪の社会的影響が弱くなり、応報・改善などの刑罰の必要性が減少・消滅していること、時の経過により証拠が散逸し、真実発見が困難になることなどがあげられています。

しかし、どんなに時間が経過しても、犯罪の被害者やその遺族の悲しみや憤りが薄れることはなく、従来から殺人などの凶悪な事件について時効制度は撤廃すべきではないかという議論がなされてきました。

このような議論を受けて、2004（平成16）年の改正の際、一部の時効期間が延長されました。

さらに、2010（平成22）年の改正により、人を死亡させた罪（犯罪行為による死亡の結果が構成要件となっている罪）の公訴時効は、死刑にあたる罪については廃止され、拘禁刑にあたる罪については期間が延長されました。

また、2023（令和5）年の改正により、刑法の性犯罪規定が大幅に見直されたことに伴い、不同意わいせつ罪や不同意性交等罪などの性犯罪についての時効期間が延長され（250条3項）、更に被害者が18歳未満である場合、被害者が18歳に達するまでの期間に相当する期間が3項所定の時効期間に加算されることとなりました（250条4項）。

ｃ．公訴棄却

次に、338条の公訴棄却です。338条をみてみましょう。

▶▶▶第338条

左の場合には、判決で公訴を棄却しなければならない。

1　被告人に対して裁判権を有しないとき。

Ⅱ　どのような場合に公訴を提起するのか……99

2　第340条の規定に違反して公訴が提起されたとき。
　　3　公訴の提起があつた事件について、更に同一裁判所に公訴
　が提起されたとき。
　　4　公訴提起の手続がその規定に違反したため無効であるとき。

　公訴棄却になる事由の1号「被告人に対して裁判権を有しないとき」と
いうのは、たとえば、治外法権などで裁判権がない人を起訴してしまった
場合です。3号の「公訴の提起があつた事件について、更に同一裁判所に
公訴が提起されたとき」というのは、民事訴訟法でいう二重起訴にあたる
ようなことになったという場合です。そして、4号の「公訴提起の手続が
その規定に違反した」というのは、公訴提起の手続の法令違反のような場
合です。この338条4号という条文はよく使う条文なので、注意しておい
てください。公訴提起の手続に違法があった場合には、338条4号で公訴
棄却の判決がだされます。

　それから339条をみてください。
　▶▶▶第339条
　　左の場合には、決定で公訴を棄却しなければならない。
　　1　第271条第2項の規定により公訴の提起がその効力を失つ
　たとき。
　　2　起訴状に記載された事実が真実であつても、何らの罪とな
　るべき事実を包含していないとき。
　　3　公訴が取り消されたとき。
　　4　被告人が死亡し、又は被告人たる法人が存続しなくなつた
　とき。
　　5　第10条又は第11条の規定により審判してはならないとき。
　　②　前項の決定に対しては、即時抗告をすることができる。

　公訴棄却の決定です。たとえば4号の「被告人が死亡し……」たときに
は、棄却の決定がなされます。あのロッキード事件のときに田中角栄被告

100……第3章　公訴の提起

が死亡してしまったので、この339条4号によって公訴棄却の決定がなされました。有罪・無罪の判断がでる前に終わってしまうということもあるわけです。

まとめますと、訴訟条件というものを満たしていないと形式裁判で訴訟は終了するということでした。その種類は管轄違い・免訴・公訴棄却です。それでは、逆に訴訟条件とは何かと聞かれたらどのように答えればよいのでしょうか？　今見てきたような、管轄違いや免訴や公訴棄却の事由に該当しないことが訴訟条件なのです。たとえば時効にかかっていないこととか、被告人が死亡していないこととかが訴訟条件になるというふうに考えればいいというわけです。ですから、訴訟条件を丸暗記したりする必要はありません。今のところの裏返しと理解しておけば、それで十分です。

ちなみに、実体裁判では有罪の場合、333条1項で「被告事件について犯罪の証明があつたときは、334条の場合を除いては、判決で刑の言渡をしなければならない」と規定されており、判決で刑の言渡しをしなければなりません。無罪の場合は、336条で「被告事件が罪とならないとき、又は被告事件について犯罪の証明がないときは、判決で無罪の言渡をしなければならない」と規定されています。

❸不当起訴・不当不起訴に対する対策

さて、検察官は起訴するかしないかを自分の裁量で判断することができます。しかし、不当に起訴してしまったときや不当に起訴しなかったときに、起訴・不起訴が検察官の自由な裁量ということになると、当然、その検察官の判断に対して文句をつけたい人はいるでしょう。

たとえば、被害者の中には「そんな起訴猶予なんて、優しそうなこと言ってるけれども、被害者の私の身になってみてください。起訴猶予なんてとんでもないですよ。しっかり起訴してください」と検察官に文句を言い

Ⅱ　どのような場合に公訴を提起するのか……101

たい人だっているでしょう。それから逆に、「こんな些細なことで何で私のこと起訴するんですか。交通違反のこんな駐車違反で、何で起訴されなくちゃいけないんですか。みんな反則金とかで終わってるじゃないですか。なぜ法廷に行かなければならないのですか。起訴するのはおかしい」と文句を言う人だっているかもしれません。ですから、検察官がした起訴や不起訴に対して、それが不当だと言って、批判したり、それを直させたりするという対策が必要になります。それが不当起訴・不当不起訴に対する対策ということです。

---ケース5---

　被疑者Aは、Bが親の形見として大事にしていた時価1000万円程度の花瓶を故意に割ったとしてBに告訴されていましたが、検察官Cは、Aと友達であったため、Aを不起訴処分にしました。

　このケース5の場合、不起訴処分に対しておかしいと言いたいわけです。1000万円の花瓶を故意に割ったにもかかわらず、被疑者が検察官と友達だったからということだけで、不起訴処分というのは、実際にはあまりないかもしれません。しかし、たとえば警察や検察の身内の事件については、検察は起訴しないかもしれない。やはり身内の事件だから、不祥事が明らかになることは、あんまり好ましくないことかもしれません。本当はそんなことないかもしれませんが、ひょっとしたら起訴しない場合もありえます。その危険性・可能性は十分あります。ですから、そんなときに、起訴しないのはおかしいじゃないか、と言ってチェックする方法が必要です。

---ケース6---

　被疑者Aは、Bが親の形見として大事にしていた時価1000円程度の花瓶を故意に割ったとしてBに告訴されていましたが、検察官Cは、Aが恋敵であったため、Aを起訴処分にしました。

このケース6の場合は、ケース5と逆に、形見で大事にしていた1000円程度の花瓶を割ったAがCの恋敵だったから、憎たらしいと思って、起訴した場合です。あまりこんなこともないでしょうが、とりあえず、面白くこんなふうにしましたけど、この起訴はおかしい、とやはり言いたいわけです。

さて、ケース5の不当な不起訴処分に対しては、次のような制度があります。

まず、検察官は告訴人などに対して起訴・不起訴の通知をします（260条）。また、不起訴の場合には不起訴の理由をきちんと告げなくてはなりません（261条）。告訴してきた人たちに対して、起訴したか、不起訴にしたかを教えてあげること、もし不起訴にしたならば、なぜ不起訴にしたのかの理由も伝える必要があります。

それから、検察審査会というものによってチェックをすることができます。アメリカなどの陪審制を参考にしたものなのですが、一般の国民から抽選で選ばれた11人が、利害関係人の申立てか職権で、検察が不起訴にした結果はおかしいのではないかということをもう一度チェックし、起訴議決があると、これに基づいて公訴が提起されます。このような検察審査会の制度があります。

2004（平成16）年の検察審査会法改正前は、検察官はこの検察審査会の意見に従う必要はないということになっていました。検察審査会の起訴相当・不起訴相当の議決があっても、検察官があくまでも事件処理を再考するだけで、議決には強制力も拘束力もなかったのです。

日航の旅客機が御巣鷹山で墜落した事故（1985年）を知っていますか。検察はこの事故をやはり事件にすべきではないかと、いろいろ調査しました。ロッキード社や日航などいろいろな面から調べたらしいのですが、結局それはどうも難しいということで不起訴になりました。しかし、遺族の

キーワード　検察審査会
一般国民から抽選で選ばれた11名の検察審査員で構成される検察審査会が、利害関係人の申立てにより、または、職権で、不起訴処分の当否を審査するものである。2度の起訴議決があると、裁判所により弁護士が指定され、この指定弁護士が検察官に代わって起訴をして訴訟活動を行う。

Ⅱ　どのような場合に公訴を提起するのか……103

人たちがおかしい、あれは不起訴になるのはおかしいのではないかと検察審査会に申し出ました。検察審査会のほうでもう1回調べましたが、検事正は再考するだけで何の拘束力もありませんでした。

　しかし、2004（平成16）年の改正により、検察審査会の議決に基づいて公訴が提起される制度が導入されました。具体的には、ある不起訴処分に対して検察審査会が起訴相当の議決をしたのに、検察官が再び不起訴処分をしたり一定期間内に公訴提起しなかったときに、検察審査会が第2段階の審査を開始して、やはり起訴をすべきだという起訴議決をすると、指定された弁護士が公訴を提起できるというものです。2段階の審査を必要とするのは、本来的な公訴官である検察官に再考の機会を与えるのが適当であること、また、検察審査会の公訴提起すべきだという判断が、より慎重な、より適正なものとなるように、といった趣旨です。この改正によって、従来の制度よりも、公訴の提起に民意をより直接に反映させることができるようになりました。

　3つ目として、公務員の職権濫用罪などについては、告訴・告発したにもかかわらず、検察が不起訴にした場合には、裁判所に対して審判の請求を直接求める準起訴手続（262条以下）があります。警察官や検察官の職権濫用のようなものについては、どうしても身内だからという理由で起訴しない危険性・可能性があります。そんなときには、その被害者あるいは弁護士が裁判所に対して、この事件を審理してほしいということを、いきなり申し出ます。裁判所が、この事件はやはり裁判すべきだ、審理すべきだと判断すると、別の裁判所で普通の裁判として行うことになります。公訴提起があったことになり、検察官抜きで裁判します。それでは検察官の代わりを誰がやるのかというと、弁護士がやります。弁護士が検察官の代わりをやって、それで裁判をしていく手続の仕方です。それが準起訴手続とよばれるものです。

キーワード 準起訴手続

公務員の職権濫用罪（刑法193条から196条、破防法45条等）について告訴・告発したのに、検察官が不起訴処分をしたとき、これに不服のある告訴人らが、直接裁判所に審判を請求できる。裁判所が理由があると判断して付審判の決定をすると、公訴の提起があったことになり、弁護士を検事役として訴訟が始まる。国民の利害に深い関係がある職

104……第3章　公訴の提起

以上、３つほどの手続が不当な不起訴に対しての対応ということになっています。

　逆に、不当な起訴手続に対しての対応はどうかというと、これに対応する条文がありません。不起訴が相当であったのに起訴されてしまった場合に救済するシステムがないのです。嫌疑がない場合であれば、いずれ公判で無罪になりますが、嫌疑があるような場合には放っておくと有罪になってしまうわけです。

　たとえば、チョコレート１個盗んでも有罪ですから、検察官の段階でスクリーンをかけてもらわないと裁判で有罪になってしまう危険性があります。実際に犯罪を犯したのだから仕方がないと思われるかもしれませんが、温情的に一方では不起訴としながら、一方では何で起訴されるのかと比較して考えるとやはり放ってはおけません。

　そこで、この点を解決すべく考えだされたのが公訴権濫用論という理論です。これは、条文上の根拠はありません。解釈によって、公訴権を濫用したのではないかとして、公訴提起を違法だという判断をします。条文としては338条４号をみてください。

▶▶▶第338条
左の場合には、判決で公訴を棄却しなければならない。
1　被告人に対して裁判権を有しないとき。
2　第340条の規定に違反して公訴が提起されたとき。
3　公訴の提起があつた事件について、更に同一裁判所に公訴が
　提起されたとき。
4　公訴提起の手続がその規定に違反したため無効であるとき。

　338条４号によって、公訴を棄却するべきではないかということが議論されているのです。要するに、起訴すべきでないのに起訴したというのは、裁量を逸脱し、公訴権を濫用しており、手続に違反しているという議論で

権濫用がうやむやにされないように、いわば訴追に向けて「敗者復活」を図り、起訴の「バイパス」を設けたものである。

Ⅱ　どのような場合に公訴を提起するのか……105

す。338条4号で、公訴の棄却の判決を求めていくわけです。

　不当な不起訴に対しては3つほどの救済の制度がありましたが、不当な起訴処分に対しては、制度上条文がないものですから、公訴権濫用論というもので対応することになっているということを理解してもらいたいと思います。

Ⅲ　どのようにして公訴を提起するのか

❶起訴状一本主義

　公益的見地から考慮した結果、検察官が公訴提起をすることにしたときには、起訴状というものを裁判所に提出して行うということになっています。

▶▶▶第256条
　公訴の提起は、起訴状を提出してこれをしなければならない。
　②起訴状には、左の事項を記載しなければならない。
１　被告人の氏名その他被告人を特定するに足りる事項
２　公訴事実
３　罪名
　③　公訴事実は、訴因を明示してこれを記載しなければならない。訴因を明示するには、できる限り日時、場所及び方法を以て罪となるべき事実を特定してこれをしなければならない。
　④　罪名は、適用すべき罰条を示してこれを記載しなければならない。但し、罰条の記載の誤は、被告人の防禦に実質的な不利益を生ずる虞がない限り、公訴提起の効力に影響を及ぼさない。
　⑤　数個の訴因及び罰条は、予備的に又は択一的にこれを記載することができる。
　⑥　起訴状には、裁判官に事件につき予断を生ぜしめる虞のある書類その他の物を添附し、又はその内容を引用してはならない。

　256条１項により起訴状という書面を出して行うことになります。口頭による起訴などは認められていません。起訴状という書面しか裁判所に出すことはできないことになっています。これは、刑罰権の発動を求めて裁判所に請求するということが、個人の人権保障にとって重大であるため、確実、明確、慎重を期して、書面による方法が妥当だろうという配慮です。

Ⅲ　どのようにして公訴を提起するのか……107

捜査した段階でいろいろ証拠書類が集まっているはずです。でも、その
さまざまな証拠書類を裁判所にいきなり提出することはできないことにな
っています。起訴状という１枚の紙切れを裁判所に提出するだけです。

　では、証拠はどうするのでしょうか。それは法廷が始まってから提出し
ます。なぜかというと、公開の法廷が始まる前に裁判所に証拠を見せてし
まうということは、裁判所に裁判が始まる前に変な予断を与えることにな
ってしまい、公平な裁判所とはいえなくなるからです。これを起訴状一本
主義といいます。予断排除の原則の一場面です。

　この起訴状一本主義を規定しているのが256条ですが、この256条は、非
常に重要な条文です。公訴提起のところでもっとも重要な条文といっても
いいくらい重要な条文なのです。256条をみますと、１項に「公訴の提起
は、起訴状を提出してこれをしなければならない」とあります。６項をみ
ますと、「起訴状には、裁判官に事件につき予断を生ぜしめる虞のある書
類その他の物を添附し、又はその内容を引用してはならない」と書いてあ
ります。要するに、裁判官に予断を生じさせるようなものを起訴状に書い
たり、くっつけて出してはいけないというのが６項の規定です。これが起
訴状しか出してはいけないという起訴状一本主義をあらわしていることに
なるわけです。

　要するに、裁判所は起訴状を受け取って、まずこういう事件があるとい
うことを認識します。しかし、裁判官はそれが本当なのか、本当にそうい
う事件があったのか、本当にその被告人が犯人なのかということについて、
一切の予断なしに法廷に出てくるわけです。その公開の法廷で被告人が登
場し、そして検察官が証拠を提出し、弁護人側がそれに対して防御・反論
します。そこで中立的な裁判所として初めて自分の心証に基づいて判断を
していくことになるわけです。

　もし起訴状を受け取ったときに、ついでにさまざまな証拠を見てしまう

108……第３章　公訴の提起

と、被告人の顔を見る前に、または弁護人の反論などを聞く前に、そういう一方的な情報ばかりを得てしまうわけですから、やはり判断を誤ってしまう危険性があるのではないかということです。公平な裁判というものができなくなってしまう危険性があるから、裁判官としては一切の予断を排して、法廷にのぞまなければなりません。そのためには起訴状１枚しか見てはいけません。この考え方のことを起訴状一本主義というわけです。

この点、戦前の旧刑事訴訟法では、検察官は公訴提起にあたって、一件記録という、捜査で得たすべての証拠を裁判所に提出することになっていました。裁判所は裁判の前に、これを読んで裁判にのぞんでいました。すなわち、一方の当事者の出す証拠を詳細に読んで心証を固めてから裁判をするので、裁判は、固めた心証を確かめるためにすぎなかったわけです。

しかし、これはどう考えても、裁判所の中立なレフェリーとしての立場とは相容れません。そこで、現行法は公訴提起にあたって、検察官が提出できるものは、検察官の主張をあらわした起訴状のみとし、裁判官が事件について偏見や予断をもつことを厳に禁止することにしました。256条6項の規定は、こういう考え方のあらわれです。256条6項という条文と、この起訴状一本主義という言葉に注意しておいてください。まさに公平な裁判所という理念を実現するための制度というわけです。

なお、2004（平成16）年の改正で導入された公判前整理手続（316条の2以下）は、受訴裁判所が主宰するため、第１回公判期日前に、裁判所が当事者の主張や証拠に触れることになります。そこで、予断排除の原則に反するのではないかが問題となりそうです。

この点については、予断排除の原則は捜査機関の嫌疑が裁判所に一方的に引き継がれることを防止するものであるが、公判前整理手続では裁判所は当事者双方の主張・証拠に等しく触れるから、一方当事者の側に偏るおそれはない、また、裁判所は公判前整理手続中に心証を形成するわけでは

Ⅲ　どのようにして公訴を提起するのか……109

ないことを根拠に、予断排除の原則に反することはないのだと説明されています。

❷起訴状に記載される項目

さて、その起訴状には何を記載するのかというと256条2項をみてください。

256条2項をみますと「起訴状には、左の事項を記載しなければならない」とあって、1号に「被告人の氏名その他被告人を特定するに足りる事項」とあります。被告人の氏名や職業や生年月日などを書きます。ただ、被告人が氏名すら黙秘している場合もあるわけです。当然氏名だって言う必要はないわけですから（憲法38条1項）、氏名すら言わない被告人だっています。氏名すら言わないで黙秘しているときには、その拘置所の番号で特定します。東京拘置所何号というように特定します。それから2号の「公訴事実」とよばれるものと、3号の「罪名」の3つが起訴状に記載すべき事項です。罪名というのは、窃盗罪（刑法235条）とかいうように割とわかりやすいですが、公訴事実とはいったい何でしょうか。この公訴事実というものは、非常に重要な概念です。公訴事実とは、公訴において示される犯罪事実、つまり公訴犯罪事実ということです。

その前に、「起訴する」という言葉と公訴提起するということとは、まったく同じことだと、今は思っておいてください。起訴といってみたり、公訴提起といってみたり、言葉を使い分けているように見えるかもしれませんが、まったく同じ意味です。ですから、公訴提起状という言葉は使わないだけの話で、別に公訴提起状といっても間違ってはいないわけです。そういう言葉は使わないだけの話です。つまり、起訴という言葉と公訴提起という言葉はとりあえず刑事訴訟の中では同じ言葉だと思ってください。ただ、起訴というのは、広く訴えを起こすということですから、民事訴訟

110……第3章　公訴の提起

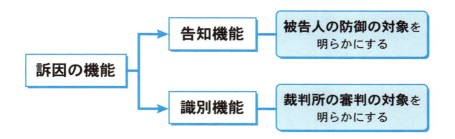

でも使うわけです。訴えを起こした場合、民事訴訟では訴え提起という言葉を起訴と同じ意味で使います。刑事訴訟における起訴というのは、まさに検察官が行う公の訴えを提起することですから公訴提起という言葉を使っているわけです。ですから、刑事訴訟の世界では、起訴と公訴提起は同じ言葉だと思ってください。

　さて、公訴事実というのは、公訴において示される犯罪事実、つまり公訴犯罪事実ということです。これは訴因というものを示してなされなければならないということになっています。256条3項をみてください。「公訴事実は、訴因を明示してこれを記載しなければならない。訴因を明示するには、できる限り日時、場所及び方法を以て罪となるべき事実を特定してこれをしなければならない」と書いてあります。公訴事実は、訴因を明示してこれを記載しなければならないというわけです。

　そして、訴因を明示するとは、256条3項で示されているとおり、できるかぎり日時、場所、方法をもって犯罪となる事実を特定することを意味します。逆に、特定、具体化された犯罪構成事実こそが訴因ということになります。つまり、訴因は、誰がいつどこで何をしたのかというふうに物語風に書くわけです。被告人はこれこれこれこれで、○○罪を犯したものであるというような形で、物語風に文章で書きます。物語風に書かれた、いわば検察官が主張する具体的な事実のことを訴因というふうにいいます。

Ⅲ　どのようにして公訴を提起するのか……111

その訴因がまさに審判対象であるところの公訴事実、公訴犯罪事実というものになります。公訴事実と訴因の区別については、ここでは同じものだととりあえず思っておきましょう。では、どうして同じものなのに言葉を読み替えるのかというと、要するに起訴状の公訴事実という欄のところに文章で書きましょうというだけなのです。

　ですから、物語風に示された被告人の行った具体的な事実が訴因ですが、それが同時に公訴事実でもあるということになるわけです。

　なぜこのように違う言葉を使うのかというと、公訴事実という概念は実はドイツ法を見本にした旧刑事訴訟法上の言葉です。これに対して、訴因という概念は、カウントともいいますが、アメリカ法の概念です。ですから、ドイツ法の旧刑事訴訟法に新憲法のもとでアメリカ法の概念が日本に入ってきたものですから、公訴事実と訴因というまったく沿革の違う概念が日本の法律の中に一緒に出てきたという経緯があるわけです。

　ところで、刑事訴訟法における審判の対象というのはいったい何なのでしょうか。実は、この訴因なのです。訴因という形で具体的に書かれたその事実、それがあるかないかを判断していくのが刑事訴訟法ということになります。ですから、刑事訴訟法における訴訟物は何かといわれたら訴因になります。刑事訴訟法にいうところの訴訟物は訴因なのです。民事訴訟法では、訴訟物は何かといわれたら権利です。特に旧訴訟物理論では、具体的な実体法上の権利、それが訴訟物でした。民事訴訟では、権利があるかないかということを明らかにします。ところが、刑事訴訟法では、訴因に書かれている具体的な事実があるかないかを判断していくことになります。これが刑事訴訟の裁判なのです。刑事訴訟法における訴訟物は訴因という形で示された具体的な事実です。つまり、検察官が主張しているところの具体的な事実です。その検察官が主張するところの具体的な事実があるかないかを判断するのが刑事訴訟法の目的であり、これが刑事手続なの

112……第3章　公訴の提起

だというふうに思っておいてください。

　さて、その訴因ですが、これが不明確だったり、何を書いているのかよくわからないということになってしまったらどうなるでしょうか。検察官の主張がどのようなものなのか具体的にわからなければ、それに対して被告人は反論できません。自分がどういう事実を犯したということで起訴されているのかハッキリとわからなければ、そうではないと反論ができません。被告人が反論できるように、具体的に正確に特定すべきでしょう。これを訴因の告知機能（保障機能）といいます。被告人に対して、どういう事実で起訴されたのかということを告知してあげる、反論すべき対象を明確化してあげる、それを訴因の告知機能というふうにいいます。この他に訴因には、裁判所の審判の範囲を画する識別機能というものがあるわけです。ちょうどこの辺は、民事訴訟の訴訟物のところと同じことです。民事訴訟で訴訟物を特定しなければいけない理由は、2つあります。被告にとって防御の対象を明らかにするということと、裁判所の裁判の判断の対象を明らかにするということです。ですから、訴訟物というのを明確にしなければいけません。基本的には、それと同じです。被告人に対して防御の機会を与えるための訴因の告知機能と審判対象とを明確にする、他の事実と区別し識別して、この事実が審判対象であるということを明確にしていくという識別機能という2つのものが重要です。そこで、256条3項で「できる限り」訴因を特定していかなければならないということになっています。

　公訴事実＝訴因で、その機能は被告人の防御の対象を明らかにし、そして審判の対象を明らかにすることにあります。そのために訴因という具体的な事実を起訴状に書いて、できるだけ特定して示さなければならないということになっています。この訴因の2つの機能を覚えておいてください。

　さて、次に起訴状の例を見てください。

Ⅲ　どのようにして公訴を提起するのか……113

令和6年検第1717号

起　訴　状　（サンプル）

令和6年12月17日

　　東 京 地 方 裁 判 所 殿

　　　　東京地方検察庁
　　　　検察官　検事　　　　日　本　太　郎　㊞

　　下記被告事件につき公訴を提起する。

　　　　　　　　　　　　記

本籍　　　京都市中央区蛸薬師通烏丸西入ゆたかビル2階
住所　　　東京都渋谷区桜丘町17番地7号
職業　　　無職
　　　　　　　勾留中　　　　　　　法　学　館　夫
　　　　　　　　　　　　　昭和35年5月2日生
　　　　　　　　　公　訴　事　実
　　被告人は、令和6年8月2日午後11時ころ、東京都渋谷区桜丘町24番地4号東
武富士ビル3階東終一（当時40歳）方居室において、殺意をもって、所携の果物
ナイフ（刃体の長さ約10センチメートル）で同人に対し、その左前胸部を1回突
き刺し、よって、同日午後11時58分ころ、同都渋谷区桜丘18番4号TOM病院に
おいて、同人を左前胸部刺創に基づいて失血死させて殺害したものである。

　　　　　　　罪　名　及　び　罰　条
　　　　　　　殺　人　　刑法199条

これは、起訴状のコピーみたいなものですが、起訴状とはこんなものです。下記被告事件につき公訴を提起する、と書いてあるわけです。令和6年12月17日で、東京地方検察庁、検察官、検事日本太郎と書いてあって、宛名が東京地方裁判所に対してのものです。次に、被告人を特定すべき事項として、本籍、住居、職業の記載があり、更に勾留中とあります。それから氏名と生年月日が書いてあります。右上のほうには事件番号みたいなものが書かれるということになります。続いて公訴事実という欄が出てくるわけです。この公訴事実という欄に、物語風に書いてあるわけです。「被告人は……」で始まって、「これこれこうで、これこれ……で、……で殺害したものである。」というところまでです。日本語としては悪文の典型例ですけどね。

　読み上げますと、「被告人は、令和6年8月2日午後11時ころ、東京都渋谷区桜丘町24番地4号東武富士ビル3階東終一（当時40歳）方居室において、殺意をもって、所携の果物ナイフ（刃体の長さ約10センチメートル）で同人に対し、その左前胸部を1回突き刺し、よって、同日午後11時58分ころ、同都渋谷区桜丘18番4号TOM病院において、同人を左前胸部刺創に基づいて失血死させて殺害したものである。」という、こういう物語風の事実で書くわけです。これを公訴事実とか、この具体的な事実のことを訴因というふうに思ってください。公訴事実という欄のところに訴因という形でこのように記入します。最後のところが罪名と罰条で、殺人、刑法199条と書かれています。このように訴因とか公訴事実は、物語風に書かれ、この具体的事実があるかないかということを裁判所では審査する、裁判していくということになるわけです。

Ⅲ　どのようにして公訴を提起するのか……115

―― ケース7 ――――――――――――――――――――――――

　被告人は、殺人事件で起訴されましたが、その起訴状には、「被告人は、4月1日から4月5日の間に、甲市において、Aを殺害したものである」としか書かれていませんでした。このような起訴状による起訴は適法でしょうか。

　まず、公訴提起の段階で事態はまだ解明されていないものもあります。場所の記載を要求するのはちょっと困難でしょう。これを要求すると、捜査が過度に厳しくなってしまって、かえって被疑者の人権侵害を招来することにもなりかねません。そこで、できるかぎり特定すればいいと緩やかに解釈するという考え方も十分可能です。しかし、公判のところで述べますが、被告人には、検察官の主張に対して十分に反論し、争う権利が憲法上保障されています（反対審問権、憲法37条2項前段）。十分な反論を尽くしたという前提があって、初めて有罪判決に妥当性が出てくるわけです。したがって、このように被告人の十分な反論のためには、前述したように訴訟物である訴因が十分具体的である必要があります。ですから、できるかぎりというのも厳格に行うべきではないでしょうか。

　そこで、ケースの7の場合です。殺人の実行行為は殺すことですから、一瞬でも可能な犯罪です。にもかかわらず、期間において5日間、場所において甲市としか記載されておらず、方法も記載されていません。これでは5日間すべてにわたってのアリバイ実証を被告人はしなければならなくなり、これをするのは実際には不可能ではないでしょうか。したがって、このような記載は被告人の防御を不可能にするものとして、特定されていないというふうに考えるべきでしょう。訴因がこのように特定されていない場合、何について訴追されたのかわからないということで、被告人の利益をあまりにも害するから起訴は無効となり、前述した338条4号の公訴

116……第3章　公訴の提起

提起の手続違反ということで公訴棄却になってしまうわけです。

　ちなみに、ケースの7の起訴状ですが、訴因の告知機能と識別機能の2つの機能のうち、識別機能と告知機能のどちらを害しているのでしょうか。いうまでもないですが、これは告知機能、つまり被告人に対しての保障機能のほうを満たしていません。識別機能は完全に満たしています。たとえば「被告人はAを殺害したものである」という起訴状があったとします。いつどこでどんな方法でということが書かれていなくても別にかまいません。「被告人はAを殺害したものである」というふうに書いてさえあれば、識別機能は十分果たせます。

　それに対して、たとえば「被告人はA所有の腕時計を窃取したものである」という起訴状があったとします。この「被告人はA所有の腕時計を窃取したものである」という起訴状を「被告人はAを殺害したものである」という起訴状と識別機能という点で比較して考えてみましょう。「被告人はAを殺害したものである」という起訴状は識別機能という観点からいえば、完璧な起訴状です。これに対して「被告人はA所有の腕時計を窃取したものである」という起訴状は識別機能も満たしていないことになります。もちろん、両方とも被告人の防御にとっての告知機能は満たしていません。どうしてかわかりますか。識別機能は、他の事実と違い、この事実が審判対象であるということを明確にするだけです。そうすると、被害者Aが死んだ事件は世の中で1つしかありません。Aという人が1人しかいないということが当然の前提ですが、Aが殺された事件というのは世の中に1個しかないわけです。いつどこでどんなふうに殺されたかということを起訴状に書かなくても、Aが殺されたその事件は、1個しかないということになるわけですから、識別機能はそれで十分満たしていることになります。

　しかし、「被告人はA所有の腕時計を窃取したものである」ということになると、腕時計をAはいくつももっていたかもしれません。どの腕時計

Ⅲ　どのようにして公訴を提起するのか……117

が盗まれたかということが明らかではありません。また、もし2、3個の腕時計が盗まれたとすると、1年前に盗まれた腕時計の事件なのか、今年取られた腕時計の事件なのかの識別ができなくなるわけです。そういう意味では、「被告人はAを殺害したものである」という起訴状は、Aを殺害したものであると書いてありますから、識別機能は満たしているわけです。ただ、いつどこでどんな方法でというところが特定されていませんから、被告人の防御を害するということになります。

　ただ、訴因の特定の要請は、裁判官の予断排除の問題と緊張関係が生じることがあります。つまり、具体的に訴因を特定しようと思えば、より詳細に犯罪事実を記載したほうがいいわけです。そうすると、それを見た裁判官が、被告人が本当にやったに違いないと予断をもってしまうおそれも避けられません。そこで、どう調整するかということはちょっと難しい問題ですが、偏見をもった裁判官による裁判のほうが弊害が大きいとみて、予断排除のほうを優先する考え方が一般的です。

　今までの話を要約します。まず、公訴の提起は起訴状一本主義ですから、検察官は起訴状しか出せません。起訴状には公訴事実しか書けないわけです。256条6項にあるように、その起訴状にいろいろなものを添付してはいけません。そこで、検察官が「起訴状に具体的に書いてしまえ」と思って、起訴状の公訴事実の欄に30頁ぐらい書いたとします。要するに、起訴状の中にいろいろな細かなこと、たとえば、被害者から聞いたことや被告人が自白したことなどを細かく全部書いてしまったとしたら、起訴状一本主義の趣旨がまったく失われてしまいます。起訴状というのは、裁判官に予断を抱かせないようにするためのものですから、できるだけあっさりしていたほうがいいわけです。しかし、他方で被告人の防御や識別のためにはある程度特定しなければいけません。このように両者の間に緊張関係が出てくることになるわけです。

さて、どちらを重視するべきかというと、いったん裁判官が予断をもってしまうと、後になってそれをなかったことにすることは、なかなか難しいことです。これに対して、不特定な訴因の場合は、後から少しずつ特定していくことは可能です。たとえば、ケース7の「被告人は、4月1日から4月5日の間に、甲市において、Aを殺害したものである」という起訴状は「ちょっとここは不確定です。5日の幅があるけどいつですか」というふうにして検察官に聞いてみたりして、だんだん絞り込んでいくことは可能です。しかし、いったん予断をもってしまったら、予断を少しずつなくしていくのは事実上無理です。したがって、予断を生じさせないような方法を考えましょうということが重要であるということです。

Ⅲ　どのようにして公訴を提起するのか……119

犯罪被害者等の情報の
保護のための令和5年改正

　2023（令和5）年の法改正により、被疑者や被告人に対して、被害者個人の特定につながる事項を秘匿するための制度が整備され、2024（令和6）年2月15日から施行されました。これは、たとえば逮捕状や起訴状については、実務上被害者の氏名が記載されることとなっているところ、逮捕状は被疑者に提示され（201条1項）、起訴状の謄本は被告人に送達されます（271条1項）。そうすると、被疑者や被告人は被害者の個人情報を知ることになるわけです。しかし、性犯罪など一定の事件では、被害者は名誉感情を害されるおそれもありますし、被疑者や被告人が、罪証隠滅のために被害者等に加害行為をする危険もあります。このような事態を防止するために、一定の場合に被害者等の個人情報を被疑者や被告人に秘匿することができる制度が規定されたのです。

　具体的には、検察官や司法警察職員は、性犯罪等の一定の事件のほか、具体的事情をふまえて、被害者等の個人特定情報が被疑者に知られることにより、被害者等の名誉や生活の平穏が著しく害されるなどのおそれがあると認められる場合には、当該被害者等の個人特定事項の記載のない逮捕状の抄本または逮捕状に代わるものを請求することができ（201条の2第1項）、逮捕の際にはそれを被疑者に示せば足りる（201条の2第3項）こととなりました。これは、勾留状の場合も同様です（207条の2第1項）。また、公訴の提起においても、検察官は、上記と同様のおそれがある場合などに、被害者等の個人特定事項の記載がない起訴状の抄本またはそれに代わるものを、被告人に送達するように求めることができるようになりました（271条の2第1項）。ほかにも、裁判書等や証拠開示等においても個人特定事項の秘匿制度が設けられました。

　これらの規定により被害者等の保護を図ることは重要ですが、一方で、被疑者や被告人の防御の利益についても配慮をしなければなりません。そこで、勾留状については、前述の被害者等の保護のための要件が満たされていない場合はもちろん、被害者等の個人特定事項の記載のない勾留状の

抄本等を交付する措置がとられることで、被疑者の防御に実質的な不利益を生ずるおそれがある場合には、被疑者や弁護人の請求により、検察官の意見を聞いたうえで、当該個人特定事項の全部または一部を被疑者に通知する旨の裁判をすることとされています（207条の3第1項、第2項）。また、起訴状の送達については、一定の場合を除いて、被害者等の個人特定事項を被告人に知らせてはならない旨の条件をつけた上で、当該事項の記載のある起訴状の謄本を弁護人に送達しなければならないとされています（271条の3第1項、第2項）。これらの規定により、被害を申し立てているのが誰なのか、なぜ申立てを行ったのかといった調査が行えないまま、身体拘束されたり、起訴されたりする事態をできるかぎり防止して、被疑者や被告人の防御権に配慮しているわけです。

理解度クイズ③

1 犯罪の嫌疑があり、訴訟条件が整っているにもかかわらず検察官が不起訴にする処分のことを何というか。
  ①仮処分
  ②準起訴手続
  ③起訴猶予
  ④仮釈放
  ⑤執行猶予

2 起訴状一本主義の趣旨として正しいものはどれか。
  ①勾留期間が限定されているので検察官に速やかな公訴提起をさせる
  ②訴訟手続を簡素化し訴訟の促進を図る
  ③争点をはっきりさせ「迅速な裁判」を実現する
  ④公判にのぞむ裁判官に偏見を抱かせることを防ぐ

3 現行刑事訴訟法上の審判の対象は何か。
  ①被害者が申告したところの被害状況
  ②公訴事実全体（起訴状に漏れた部分も含む）
  ③検察官の主張する具体的犯罪事実である訴因
  ④検察官・被告人の話合いで決める

※解答は巻末

122……第3章　公訴の提起

第4章
公判手続

I 概説

II 審判の対象

III 証明と認定

I 概説

　さて、公訴提起をしますと、次に公判手続に入っていくことになります。公判手続の中で、審判対象を明確にして、それに対しての証拠調べをやっていくことになるわけです。その公判手続のことを公判といいます。公判とか、公判手続というようにいいますが、これは民事訴訟の口頭弁論にあたると思ってください。民事訴訟で口頭弁論という手続のことを刑事訴訟では公判といいます。ですから、民事訴訟では、第1回口頭弁論期日といいますが、刑事訴訟では、第1回公判期日というよび方をします。要するに実際の法廷でのやりとりと思ってください。その公判廷における手続のことを公判手続（狭義）というし、その日の手続のことを公判期日といいます。

　公判手続の概要をつかむためにぜひ傍聴に行ってみてください。刑事手続の傍聴に行ってみますと、簡単な事件ならば、最初から最後の弁論のところまでは（判決の宣告は次回ということになるでしょうが）、1時間ぐらいで終わってしまうことがあります。道路交通法違反とか、ちょっとした窃盗事件ですと1時間で終わってしまうことも多いので、ぜひ傍聴に行って「ああ、今この手続をしているのだな」ということがわかるようになりましょう。

キーワード 公判手続
広義では、公訴の提起から判決が確定し事件が裁判所の手を離れるまでの全過程のこと。
狭義では、公判期日に公判廷において行われる手続（282条1項）のこと。

キーワード 罪状認否
被告人が、検察官の主張する公訴事実を認めるかどうかを述べること。

❶第一審公判手続

　さあ次頁の概要を見てみましょう。まず、検察官が起訴状を提出します（256条1項）。そして、裁判所は、起訴状の謄本を被告人に送達したり（271条1項）、弁護人の選任権の告知（272条1項）などをしていきます。次に、裁判長によって公判期日が指定されます。第1回公判期日が指定されました（273条1項）。そして、公判期日になりました。以下、公判手続です。法廷ではここから後のことが行われるわけです。

（1）冒頭手続

　まず、冒頭手続というものが行われます。人定質問（規則196条）です。人定質問として、氏名とか職業とか、そういうことが聞かれるということになります。裁判官に「被告人前へ」と言われて、被告人が前へ出て、「名前は」とか「職業は」などと聞かれます。

　そして次に、「では、検察官、起訴状の朗読をお願いします」と裁判官が言って、起訴状の朗読（291条1項）が行われます。先ほどの起訴状です。短い事件ならば、すぐに終わりますが、けっこう複雑な事件だと起訴状の朗読が長時間にわたる場合もあります。

　起訴状朗読が終わった後、裁判官は被告人に対して、黙秘権の告知をします（291条5項前段、規則197条1項）。「あなたには黙秘権があります。あなたがしゃべったことは有利なことであっても不利なことであっても、すべて証拠として採用されることになるから、注意をしてください」というようなことをわかりやすく被告人に告げます。

　その黙秘権の告知が終わった後、「では、被告人。今の起訴状に対して言いたいことが何かあれば、それを言ってください」と言うわけです。これを、罪状認否といいます（291条5項後段）。その罪状認否のところで、

> **キーワード　人定質問**
> 第1回公判手続において、検察官の起訴状朗読に先立ち、裁判官が被告人に対し、人違いでないことを確かめるに足りる事項を問うことをいう。通常は氏名・本籍地・住所・年齢・職業などを尋ねる（規則196条）。

Ⅰ　概説……**125**

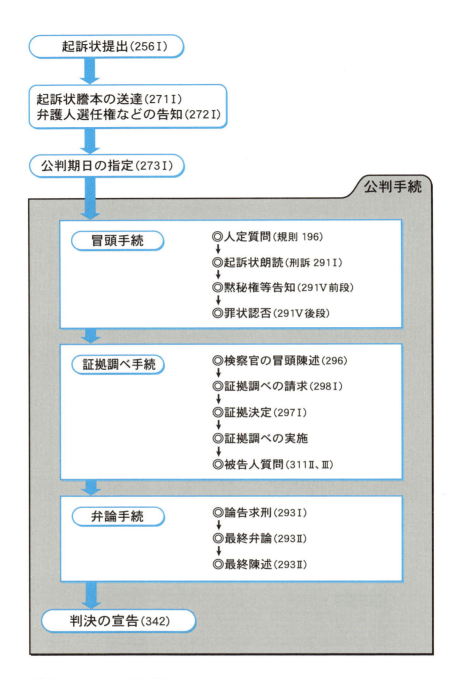

被告人が、「確かにそのとおりやりました。すみません」とか、「一切私はそんなことはやっていません」とか、いろいろなことを言います。普通は、「やりました」あるいは「やってません」と言うのですが、たまに「留保します」という場合があります。しかし、別にそれは留保しようがしまいが関係がないわけです。黙秘権があるわけですから、一切答える必要はないわけです。このように、罪状認否をまず本人に聞いて、それから弁護側に対しても、「弁護人、何かご意見は」ということで、弁護人に意見を述べさせます。すると、弁護人が「被告人と同趣旨でございます」とか、または、「いや、被告人はああ言ってますが、これこれと主張します」とか、いろいろ自分の立場で主張します。そこまでが冒頭手続とよばれるものです。

(2) 証拠調べ手続

　その冒頭手続が終わると次に、「では、証拠調べに入ります」と宣言された上で、「検察官冒頭陳述をどうぞ」という話になります。この検察官の冒頭陳述（296条本文）からが、証拠調べ手続になります。この冒頭陳述というのは、検察官がこれから証明しようとする事実をやはり物語風に述べていきます。

　「被告人はこういう生い立ちで、こういう事情で、こういう動機で、こんなふうに犯罪を犯した。そして、現在こんなふうにしている」と、物語風に言っていくわけです。大きな事件ですと、この冒頭陳述が何時間にもわたるわけです。場合によっては、何日も冒頭陳述が述べられる場合もあります。検察官が何を証明しようとするのかということを最初に明らかにすることが冒頭陳述になります。

　その上で検察官が、その冒頭陳述をした後で「以上の事実を証明するために、これこれの証拠を請求します」と言って、証拠調べを請求するリス

キーワード　冒頭陳述
証拠調べのはじめに、検察官が、これから証拠により証明すべき事実を明らかにすること（296条本文）。

Ⅰ　概説……127

トを裁判所に提出します（298条1項）。裁判所は提出されたその証拠調べの請求のリストの中から、「この証人は調べましょう、この証人調べはいらない、この書証は調べましょう」というように、どの証拠を、どんな順番でやるかということについて、弁護側の意見も聞きながら、証拠調べの決定をします（297条1項）。

　実際の証拠調べの中身のところは、その事件の大きさとか、担当した裁判官の訴訟指揮のやり方によっていろいろ違います。検察側の証拠を全部調べてしまってから弁護側の証拠を全部調べたり、検察側、弁護側の証拠を両方一緒にやるときもあります。証拠調べの方法はいろいろです。

　一応すべての証拠調べが終わった後、被告人質問（311条2項、3項）を行うときがあります。これは被告人に対して、検察側や弁護側が質問していきます。ただ、これは被告人質問と書いてあるように、証人とは違います。被告人というのは訴訟当事者ですから、証人という立場にはなれません。しかも、黙秘権があるわけですから、言いたくないことは言わなくていいわけです。このように黙秘権を保障しながら、被告人に質問をします。答えたくないことは答えなくていいのですけれども、被告人にそういう質問をすることがあります。

（3）弁論手続

　最後に弁論手続です。「以上で、証拠調べ、証拠手続を終わります。では、弁論に入ります」と裁判所が述べて、「まず、検察官。論告求刑をどうぞ」と言われて、検察官が論告求刑をします（293条1項）。この論告というのは、今までの証拠調べの手続の中で、明らかになったこと、それをやはり物語風に、「被告人には、これこれこれこれ、こんなことがありました。こういう証拠からこういうことが明らかになりました」というように行われます。いわば検察官の総まとめみたいなものです。

キーワード 証拠調べ
裁判所が証拠方法を取り調べてその内容を把握し、心証を
形成する行為またはそのための訴訟上の手続。

128……第4章　公判手続

そして求刑です。「被告人には、拘禁刑10年を求刑する」とか、「被告人に死刑を求刑する」というように行われます。この求刑は別にやってもやらなくてもいいのですが、一応検察官の希望としては、こういう刑罰を希望しますという意味あいで行われます。この求刑に、裁判所としては一切拘束される必要はありません。検察官の参考意見みたいなものです。

検察官がそうやって論告求刑を終わりますと、今度は弁護側が最終弁論というものを行います（293条2項）。「弁護人、最終弁論を」と裁判所が言って、弁護人側が、今度は「いや、検察官がこんなこと言いましたが、これはこれこれこうこう、あれは間違いです」というように、反論をするのです。情状の説明もここでします。

最後に、被告人の最終陳述です（293条2項）。裁判所が被告人に「最後にあなた、何か言いたいことがありますか」と、最後に言いたいことを一言言わせて、それでおしまいです。「次回、判決を言い渡します」と裁判所が述べて、次回判決が言い渡されることになります。おおまかにいうと、こういう流れをたどるということになるわけです。

（4）実際の運用

簡単な事件では証拠調べのところは、実際には警察・検察段階で取り調べた調書を検察官がぱらぱらめくりながらだいたいの概略を言うぐらいでおしまいになってしまいます。本当はその調書をきちんと朗読しなければなりません。しかし、朗読に代えて要旨を告げることができるものですから、それにしたがって、要旨を簡単に言うだけの場合もあります。また、実際の証人尋問も簡単なものですと、情状証人として、仕事場の上司や家族などが出廷してきて、情状の立証をしたりすることが多いのです。

最後の弁論のところだけを聞いていると、論告求刑はたいてい世の中にこんな凶悪犯人がいるのか、世の中にこんな悪いヤツが生きてていいんだ

キーワード 証拠方法
裁判官が事実認定のための資料として、その五官によって取り調べることができる有形物をいう。人証（証人、鑑定人、当事者本人）と物証（文書、検証物）がある。

Ⅰ　概説……129

ろうかと誰でも思ってしまうようなものになっています。逆に、弁護側の最終弁論を聞くと、「やっぱり、人が犯罪を犯すには何か理由があるのだろう。これは、何とか助けてあげたいな」という思いになってしまいます。ですから、本当に両極端な意見が主張されるわけです。そして、裁判官がその中で悩むということになるわけです。

　さて、おおまかにこのような冒頭手続、証拠調べ、弁論という流れをわかってもらえれば、テレビなどで裁判ドラマを観たときに、ドラマも楽しくなるでしょう。

　では、この舞台では、具体的にどのようなことが行われるのでしょうか。公判手続で行われることは、一言で言うと、検察官が訴因の中で主張する公訴事実の存否を認定することです。検察官が訴因という形で主張した具体的な事実、それが存在するかしないかということを認定することが行われます。しかも法は、「事実の認定は、証拠による」（317条、証拠裁判主義）というふうにしてますから、そこでは証拠調べが行われることになるわけです。そこで、結局、公判手続の問題は、①審判対象の問題と、②その対象をどのように証明し、かつ、認定していくかという話になるわけです。

キーワード **論告・求刑**

証拠調べ後、検察官が事実および法律の適用について意見を述べなければならないが、これを論告という（293条1項）。また、論告において有罪の主張をする場合、情状をあげ、科せられるべき刑罰の種類および量についての意見を述べるのが一般であるが、これを求刑という。

キーワード **最終弁論・最終陳述**

被告人・弁護人による、論告求刑に対応した意見陳述をいう（293条2項）。

130……第4章　公判手続

迅速な裁判——高田事件

被告人にとっては刑事裁判手続にさらされているだけで、精神的・肉体的・経済的なダメージを被ります。ですから、だらだらと遅延している裁判というのは、被告人の人権保障にはならないわけです。さらに、真実発見という観点からも、裁判が長引けばそれだけ証拠物が散逸してしまったり、目撃証人の記憶が曖昧になるなど決して望ましくありません。

こうしたことから憲法37条1項も「すべて刑事事件においては、被告人は、公平な裁判所の迅速な公開裁判を受ける権利を有する」と規定しているのです。

では、いかなる場合に「迅速な裁判」が行われなかったと判断されるのでしょうか。この点につき、有名な高田事件上告審判決は、以下のように判示しました。

すなわち「遅延の期間のみによって一律に判断されるべきではなく、遅延の原因と理由などを勘案して、その遅延がやむをえないものと認められないかどうか、これにより右の保障条項（憲法37条1項）がまもろうとしている諸利益がどの程度実際に害せられているかなど諸般の情況を総合的に判断して決」すべきであるとしています。

この高田事件においては、第一審においておよそ15年という審理中断期間が存在したのです。そして、最高裁はこのような事実関係のもとにおいては「憲法37条1項の迅速な裁判の保障条項に明らかに違反した異常な事態に立ち至っていた」と考え、免訴の言渡しをしたのです。

では、次の例では、皆さんは「迅速な裁判の保障条項に明らかに違反した」と判断しますか。

①第1回と第2回の公判期日との間の空白期間が約10年ある場合

②第一審の途中で、共犯者の審理を待つという理由で検察官の要求により5年間中断したため15年を審理に費し、控訴審で更に10年かかった場合

①は、高田事件判決以前の事件をモデルにしてあります。結論として、最高裁は迅速な裁判に反するという主張を排斥しています。

②は、高田事件判決以後の事件ですが、被告人には重大な不利益が発生していないとして、やはり迅速な裁判に反するという主張は認められていません。

ちなみに、高田事件以後、迅速な裁判に反するとして手続が打ち切られた事件はありません。

たしかに、刑罰権が発動されるか否かを決するという刑事裁判の性質上、手続は慎重に行われなければなりませんし、大変複雑に事実が入り組んだ事件では、その真相解明にある程度の時間がかかってしまうのも無理はありません。

しかし、そうだとしても10年、15年という歳月は余りにも長すぎると思いませんか。

I　概説……131

Ⅱ　審判の対象

❶何を立証するのか（審判の対象は何か）

　まずは審判対象の話です。検察官は、何を立証するのでしょうか。言い換えれば、審判対象は何なのかということです。公判手続は、検察官が公訴の提起をして始まります。この公訴提起は検察官が被告人はこういう犯罪事実を犯していますから、処罰してください、ということでした。このような公訴の提起によって始まった公判手続では、この主張に理由があるかどうかが審査されることになります。そして、このような検察官の主張は、前述したように、具体的な事実の形で述べられます。それが公訴事実、すなわち訴因でした。訴因こそが審判の対象ということになります。

　先ほど述べた起訴状に書かれていた具体的な事実が審判対象で、そのような具体的な事実があったかなかったか、を明らかにします。あくまでも、訴因が審判対象です。訴因が審判対象で、そのような事実があったかなかったかということだけを裁判所は判断します。逆に言えば、本当の意味の真相解明というわけではないのです。検察官が主張してきた事実があるかないかを判断するだけなのです。たとえば、検察官が主張してきた事実は、窃盗罪だったとします。ところが、その窃盗という事実はどうも調べてみたらなさそうだとします。裁判所が証拠を調べてみたら、窃盗ではなくて、盗品等無償譲受け罪、要するに盗んだ物を仲間からただでもらっただけだった、ということが明らかになってきたとします。そのようなときに、本当の実体的な真実というのは、盗品等無償譲受け罪なわけです。しかし、検察官が主張してきた事実は窃盗罪と公訴事実で書いてあるわけです。審判の対象というのは、実際に世の中で起こった社会的な事実ではなくて、あくまでも検察官が主張した具体的な事実があるかないかなのです。これ

は、ちょっとわかりにくいことかもしれませんが、世の中で実際に起こった事件そのものが審判の対象ではないのです。

　つまり、実際に起こった事件が何なのかを明らかにするわけではないのです。そうではなくて、実際に世の中で起こった事件を検察官が訴因の形で書き直します。その訴因という具体的事実、それがあるかないかを判断するだけなのです。裁判所がやることというのは、その訴因事実があるかないかを判断するだけであって、実際に行われた事件が何ものなのかということを明らかにすることではないということなのです。両者は似ているのですが、全然違います。これがまず、刑事訴訟法を考える上で非常に重要な出発点になります。裁判所は実際に行われた事件の真相解明を行うわけではありません。あくまでも裁判所は、検察官が構成してきた事実、検察官が主張してきた訴因事実があるかないかを判断するだけだということになるわけです。

　もちろん、刑事訴訟システム全体の目的は真実の解明と人権保障ですから、できるだけ真実に近づいて判断ができるように努力します。そのために検察官が、一生懸命調べて、それで訴因という形で、具体的事実に書き直すわけです。しかし、裁判所が裁判所という立場でできること、あるいはすべきことは、その検察官が主張してきた具体的な事実があるかないかを判断するだけです。それで、もし裁判所が、検察官が主張してきた具体的事実がないという判断をすれば、つまりその事実については無罪だという判断を裁判所がしたら、検察官はもう1回真実を調べ直して、「すみません、こういう事実でした」と、別の審判対象におき換えてやっていくわけです。このように、審判対象を検察官がいろいろおき換えて、最も真実に近いほうへ向かっていきます。裁判所が積極的にどうもこの事件は証拠調べした結果、窃盗罪ではなくて詐欺罪のようだから、この事件は詐欺罪で有罪にします、ということはできないわけです。

Ⅱ　審判の対象……133

そのへんのところは民事訴訟の弁論主義とそっくりです。要するに、当事者が主張してきた事実についてのみ裁判所は判断するだけのほうが、公平で中立的な裁判所の判断になるのではないかということです。もし、裁判所が真相解明というところまで、意図してやろうとしてしまうと、それはどういうことになるでしょうか。それは、裁判所が検察官をやってしまうことになってしまいます。裁判所は検察官ではないのです。真相を解明して、訴因事実として構成して審判対象とするところまでは検察官の仕事です。裁判所はあくまで中立的な立場で、目の前に出されたものに対して、真実かどうかを判断するだけです。それ以外に真実があるのではないかということを、裁判所が積極的に何かしようということになると、それは検察官と変わらなくなってしまいます。

　そこで、検察官と裁判官をきちんと役割分担させることが結果的には真実の発見、さらに人権保障につながるはずであるという発想をとることになります。それが、当事者主義です。検察官と裁判官をきちんと役割分担させることを当事者主義といいます。もちろん、裁判所がやることは、結果的には真相解明や真実の追求になります。しかし、それを意図して検察官が主張していないことまでいろいろ調査したり、積極的に出ていったりしてはいけないのです。裁判所がいろいろ調査したり、積極的に出ていくことを職権主義といいますが、そういう職権主義はいけない、あくまでも当事者主義でなければならないということです。

　つまり、当事者である検察官と被告人との法廷でのやりとりを中立的な裁判所が見て、その訴因事実があるかどうかを判断します。訴因事実がなければ無罪です。無罪になっては困るから検察官は証拠を集めます。無罪ではまずいと判断した場合は、別の訴因におき換えます。このことを訴因変更といいますが、要するに審判対象を取り換えるわけです。それで、真実に近づくように裁判をもっていくわけです。ですから、審判対象は、あ

くまでも実際の事件ではなく、検察官が主張する具体的事実ということになるということだけは知っておいてください。

❷立証の結果、食い違ってきたらどうするか

> **ケース8**
>
> Aは窃盗罪で起訴されましたが、公判手続が進んでくると、実は、Bが盗んだものをもらっただけであったということが判明したような場合、検察官はどうすればよいでしょうか。

（1）訴因変更制度

さて、ケース8ですが、訴因事実として窃盗と書いてあるが、どうも証拠調べをした結果、窃盗ではなく盗品等無償譲受け罪のようだと判明した場合です。盗んできたものをただでもらってきただけだ、というふうに裁判所としては思ったわけです。裁判所は、これは窃盗とは違うと思ったのです。この場合にもし、窃盗の訴因のままでずっと裁判が続いていったらどうなるでしょうか。窃盗という検察官が主張した事実はないわけですから、無罪ということになります。しかし、無罪というのは、被告人が何もしなかったという意味ではありません。検察官が主張した事実がないというのが無罪の意味です。無罪というのは、あくまでも検察官が主張した事実は認められなかったということだけです。被告人はそれ以外に何かやっているかもしれません。でもそんなことは裁判所としては関係がないわけです。それを明らかにするのは、警察・検察の仕事であって、裁判所の仕事は提示されたテーマについて中立的に判断をすることなのです。ですから、もし、窃盗の訴因のままで裁判がずっと維持されてしまったら、無罪というしかないわけです。

しかし、真実発見や社会正義の実現のために検察官の役割があるのです

Ⅱ　審判の対象……135

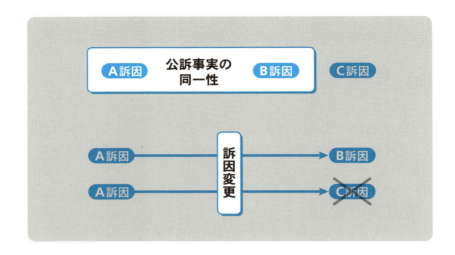

から、検察官としては無罪であっては困るわけです。そこで、窃盗ではないということになったならば、訴因を入れ換えなければなりません。この訴因をおき換えることを訴因の変更といいます。ケース8についていえば、窃盗罪の訴因を盗品等無償譲受け罪の訴因に直すわけです。そういうふうに盗品等無償譲受け罪の訴因におき換えることを訴因変更といいます。

　そこで法は、一定の範囲で最初の訴因を変更して同じ手続の中で処理できるようにしました。312条をみてください。

　　▶▶▶第312条
　　裁判所は、検察官の請求があるときは、公訴事実の同一性を害しない限度において、起訴状に記載された訴因又は罰条の追加、撤回又は変更を許さなければならない。
　　②　裁判所は、審理の経過に鑑み適当と認めるときは、訴因又は罰条を追加又は変更すべきことを命ずることができる。
　　③　裁判所は、訴因又は罰条の追加、撤回又は変更があつた

きは、速やかに追加、撤回又は変更された部分を被告人に通知し
なければならない。

　　④　裁判所は、訴因又は罰条の追加又は変更により被告人の防
禦に実質的な不利益を生ずる虞があると認めるときは、被告人又
は弁護人の請求により、決定で、被告人に充分な防禦の準備をさ
せるため必要な期間公判手続を停止しなければならない。

　なぜこのような制度が認められるのでしょうか。本来なら、窃盗で起訴
したその訴因を検察官は引っ込めて、新たに盗品等無償譲受け罪で起訴し
直す、要するに裁判をまったくゼロからやり直すというのもひとつの方法
です。しかし、今まで窃盗罪のつもりでずっと審理してきたことが、盗品
等無償譲受け罪の審理にひょっとしたら役に立つこともあるかもしれませ
ん。盗品等無償譲受け罪と窃盗罪で共通の部分もあったかもしれないし、
被告人の生い立ちやいろいろな経緯のところで、似通った部分のところも
あるわけですから、今までの手続をまったく無駄にしてしまうのも、訴訟
経済や被告人の負担という観点から考えると、非合理的ではないでしょうか。

　ですから今までの手続の流れを、もし利用できるのならば、利用しよう
ということで、途中で訴因を入れ換えることになるわけです。民事訴訟で
いう訴えの変更のようなものです。

(2) 訴因変更の可否

　このように訴因変更がなされるわけですが、ただ、被告人にしてみれば、
いままで窃盗罪の訴因に対して、「いや、違う。そんなもの見たことがな
い」と反論していたわけです。それを、たとえば盗品等無償譲受け罪に変
更された場合、「そんなもの見たことがない」と反論することは、割と共
通の反論として、今までの資料も使えたりします。ところが、訴因変更で
いきなり、「いや、あんた殺人やったでしょう」と、突然殺人罪の訴因に

Ⅱ　審判の対象……137

変更されてしまったら、今までの手続はまったく意味がなくなるわけですし、「ちょっと待ってくれ。突然そんなことを言われても準備ができないじゃないか」と言いたくなります。

　ですから、被告人にとって訴因変更をされてしまったことによってまったく準備ができなくなってしまうのではまずいわけです。被告人にとって不利になるからです。したがって、訴因変更といっても、常に無制限にできるわけではなくて、ある程度の共通性のある事件との間にかぎって認められるのです。起訴したところのＡ訴因と変更後のＢ訴因の間に何らかの共通性があるならば、ＡからＢに変更することができるわけです。しかし、まったく無関係なＡ訴因からＣ訴因に換えることは、被告人にとっても負担ですし、やはり手続の適正という観点からもまずいわけです。このように訴因変更の限界があるわけです。検察官は、訴因を変更できるということになっていますが、このような訴因の変更を無制限に許したのでは、被告人にとっては当初の訴因に対して徹底的に反論していたのに、突然まったく関係のない犯罪を犯したということになって、明らかに不当です。

　そこで、「公訴事実の同一性を害しない程度」で、という基準で絞りをかけていくことにしました。312条1項にそのことが規定されています。起訴状の変更とか訴因の変更とかよばれるものです。312条1項には「裁判所は、検察官の請求があるときは、公訴事実の同一性を害しない限度において、起訴状に記載された訴因又は罰条の追加、撤回又は変更を許さなければならない」と書かれています。公訴事実の同一性というのを害さないかぎりにおいて検察官が主張していた訴因を変更してもかまわないということになっているのです。

　ですから、ケース8でいえば、検察官が窃盗罪で起訴したのですが、「あ、これは違う。盗品等無償譲受け罪だな」と思って訴因変更を請求してきたら、裁判所はそれを許さなければならないということです（もちろ

ん「公訴事実の同一性を害」さなければ、です）。

　ただ、検察官がそうやって気がついて、変更してくれればいいのですが、検察官がまったく気づかず、訴因変更しない場合があります。裁判所が、検察官に対して、それとなく質問の形で窃盗とは思っていないということを伝えるわけです。実際、それとなく感じさせるようにするのですが、たいていの検察官は、裁判所は心証をもっていないからまずいと感じて、盗品等無償譲受け罪にしよう、詐欺罪にしようなどと訴因変更をしてきます。ところが、鈍感な検察官ですと、裁判所から「これは窃盗でいいですかね。検察官はもうちょっと別の構成は考えられませんか」と、かなりハッキリ聞かれているのに、「はい、窃盗です」と答えたりします。さらに、裁判所が、「窃盗ですか。もう一度ちょっと事実を見て、法的に事実を構成し直してみたらどうでしょうかねぇ」と言っても、検察官が「はい、構成しましたが、窃盗です」と答えてしまうと、全然らちがあきません。このような状態になった場合、裁判所としては、無罪と言ってしまうのもひとつの方法ですが、明らかに被告人が別の盗品等無償譲受け罪あるいは詐欺罪を犯したということがわかっているにもかかわらず、無罪というのはやはり真実発見という点から見て問題なわけです。

　そこで、312条2項をみてください。

　312条2項は「裁判所は、審理の経過に鑑み適当と認めるときは、訴因又は罰条を追加又は変更すべきことを命ずることができる」と、例外的に裁判所が検察官に訴因変更を命じることができると書いてあります。訴因変更を命じますというのは、裁判所は検察官に対して、これは窃盗罪ではなく、盗品等無償譲受け罪のほうに訴因変更してください、というように訴因変更命令をだせるということです。例外的ですが、そういうものもあると思っておいてください。ですから、訴因変更については、312条1項の規定するように検察官が行うのが原則なのですが、例外的に裁判所が命

令をだすという訴因変更命令というものもあるということです。

(3) 「公訴事実の同一性を害しない程度」

いずれにせよ、この312条の１項、２項に共通していることは、公訴事実の同一性の範囲内であれば、訴因変更が許されるということです。

さて、公訴事実の同一性とは何のことでしょうか。先ほどは公訴事実とは訴因と同じ言葉だとお話しましたが、実はこの312条で出てくる公訴事実というのは、先ほどの256条で出てきた公訴事実とは違うものというふうに解釈されています。さまざまな考え方のあるところですが、ここでは、とりあえず古典的というか、従来からの通説的な考え方をお話しておきます。

まず、256条で出てきた公訴事実は訴因とまったく同じ概念だと思っておいてください。これに対して、312条で出てくる公訴事実という概念は、これは公訴事実の同一性というのが１つの単語で、256条とは別の言葉であるというふうに考えます。256条２項の公訴事実とは、312条の公訴事実とは違う意味だと考えるわけです。では、この312条の公訴事実とは何なのかというと、これは、公訴事実の同一性という言葉としてしか意味をもたない概念だというふうに考えるのです。

そういわれても何のことかわかりません。ちょっと公訴事実という言葉は頭からはずしてください。256条で出てきた公訴事実は、審判の対象という意味の公訴事実でした。そして、それは訴因と同じ意味でした。

これに対して、今ここで出てきている公訴事実というのは、訴因変更の限界を画する概念なのです。訴因変更の限界を画するときに、公訴事実の同一性という名前を使ったのです。公訴事実の同一性という名前をたまたま使ったというだけであって、公訴事実の同一性というのは、一種の外国語だと思ってください。公訴事実の同一性という一種の枠を決めたのです。

140……第４章　公判手続

その枠の範囲内ならば訴因変更を許すということです。その枠組みを限界の範囲内といい、その限界のことをたまたまそのような名前をつけただけなのです。つまり、その意味で先ほどのＡ訴因からＢ訴因へは換えられますが、Ａ訴因からＣ訴因へは変更できないというわけです。

　このように、変更できる場合と変更できない場合があるわけです。そのときに、変更できる場合は公訴事実の同一性の範囲内だから変更できるというわけです。Ａ訴因からＣ訴因へは、公訴事実の同一性の範囲外だから、変更できないということになります。ただ、公訴事実の同一性という枠組みをつくって、その中ならば訴因変更できるが、それを飛び出したら訴因変更できないというときの、訴因変更の限界を画するという、そういう機能的な概念です。そういうためのひとつの概念にすぎないということです。だから、公訴事実の同一性を見せてみろと言われても、見せることはできません。公訴事実の同一性というのは機能概念、すなわち、限界を確定するためのひとつの説明言葉にすぎません。

　たとえば、よく例で使いますが、何かご飯を食べに行ったとします。最後にデザートが出ます。いろいろな種類のデザートがあるわけです。いちごという果物がデザートで出ることになっていたとします。いちごが嫌いならば、他にメロンでもバナナでもいいということになっており、果物ならば、変更できるというふうになっていたとします。「じゃあ、私はメロンのほうがいいです」、「私はバナナのほうがいいです」、「私はリンゴがいいや」と、好みを選択します。そのときにも、その果物という概念はそのデザートを変更する限界を画するひとつの機能概念として働いているわけです。そのときに果物を見せてごらんなさいと言われても目の前に出すわけにはいきません。それは目の前に出せる概念ではなくて、果物の範囲内ならばデザートを入れ換えることができるという限界を画する概念として意味をもっているだけです。

Ⅱ　審判の対象……141

それで、いちごが嫌いな人に、「じゃあ、たいやきをお願いします」と言われても、たいやきは果物ではないから、そういう変更はできません。なぜなら、メロンやバナナならば果物の範囲内ですから、デザートの変更ができました。しかし、たいやきではその果物という概念を飛び出しているわけですから、変更はできません。そのときの果物という概念は、実体概念ではありません。目に見える概念ではないわけです。それは、いちごやメロンなどをくくって説明するときの説明概念にすぎないわけです。公訴事実の同一性もそういう概念だというふうに考えるわけです。

　ですから、公訴事実の同一性を、見せてごらんと言われても、見せることはできないわけです。A訴因からB訴因へ換えることのできる枠組みのことをそういっただけということなのです。そこで、どういうときにこの枠の中で、どういうときにこの枠の外になるのかということが問題になるだけなのです。公訴事実の同一性という実体概念があるわけではないのですから、公訴事実の同一性というのを分析したとしてもその答えは出てきません。

　したがって、どういうときに訴因変更を許すべきなのか、許さないべきなのかということは、別の要件から考えなければなりません。こういうときには訴因変更を許すべきだ、こういうときには許すべきではないという利益衡量を行うわけです。

　たとえば、検察官の利益と被告人の利益を衡量して、一定の限界を決めます。それで、一定の限界が決まったなら、このときには公訴事実の同一性の範囲内だから変更は許す、このときは許さないという際に、公訴事実の同一性という言葉を使って説明するだけのことだと思ってください。ですから、公訴事実の同一性というのは、訴因変更ができる・できないというときの説明概念にすぎないということで、機能概念などといったりします。

142……第4章　公判手続

では、公訴事実の同一性を害しない程度というのが、具体的にどういう場合かということが問題なわけです。公訴事実の同一性という概念自体にはあまり意味はありません。それでは、それを害しない程度ということは、言い換えれば、結局、訴因変更を許せるのはどういう場合かという変更自体を許した趣旨から考えるわけです。すなわち、今まで被告が反論していたポイントと択一関係にあるような訴因または密接な関係にある訴因にかぎるべきといえるのですが、一定の場合に訴因変更を許したり許さなかったりする範囲は、結局被告人の利益と検察の利益とを比較考量して、被告人の防御に不利益にならない、不意打ちにならない範囲ならば訴因変更を認めるということになるわけです。

　ただ、その場合であっても、312条7項は、慎重に「訴因……の……変更により被告人の防御に実質的な不利益を生ずるおそれがあると認めるときは、……被告人に十分な防御の準備をさせるため必要な期間公判手続を停止しなければならない」と述べて、被告人に不利にならないようにしています。

(4) 訴因変更の要否

　ただ、このような訴因の変更は、1回の訴訟手続内で有罪判決を得ることができるようにするための便法でしたが、なぜ、変更しなければならないかというと、検察官が当初主張していた訴因と裁判所によって認定された事実とが食い違っていて、このまま当初の訴因で認定事実を認めたのでは、被告人にとって、訴えられてもいないようなことで有罪にされてしまうという不利益があるからです（不告不理の原則違反といいます）。

　とすると、逆に、当初訴因と認定事実とが食い違っても、その食い違いがこのような不利益を来すまでに大きくないような場合には、訴因をそもそも変更しなくてもよいということになります。このような問題を、訴因

Ⅱ　審判の対象……143

変更の要否といいます。実際の犯罪事実の、たとえば実際の犯行時間から、時間が1分ずれているとか、実際に盗んだのが101万円であるのに、102万円で起訴されたとか、このような場合には訂正すればいいのであって、別に訴因変更しなくていいということです。

　訴因変更が問題になるときは、①訴因を変更するべき食い違いがあるのか、というこの訴因変更の要否を論じたあとに、②変更するとしても、公訴事実の範囲内にあるのか、という訴因変更の可否を論ずるべきでしょう。このように、訴因変更の要否をまず検討し、訴因変更が必要ということになったならば、それが可能かどうかを実際には判断していくということを覚えておいてください。訴因変更の要否の問題があって、次に訴因変更の可否の問題があり、それぞれに基準があります。

　今までの話を簡単にまとめると、訴因変更はどういうときに必要なのだろうかという要否の問題があり、必要だったとしたならば、どのような場合に可能なのかという可否の問題があるということです。そして、訴因変更の可否については公訴事実の同一性、という幅があるわけです。では、実際、公訴事実の同一性の範囲内というのはどれくらいなのか、どこまでなのかということを、もっと実質的に判断することになるというわけです。

　以上が審判対象の設定とその変更についての話でした。

Ⅲ　証明と認定

　さて、Ⅱで説明した審判の対象、すなわち特定、具体化された犯罪構成事実たる訴因があるかないか、真実かどうかということを裁判所では、証拠によって判定していくことになります。

　この問題は、

①どのような事実をどのような証拠で、

②誰が立証し、

③それを誰がどのようにして認定するのか、

というように分けて考えることができます。

　したがって、以下では、①②③を順次説明していくことにします。

❶どのような事実をどのような証拠で立証するか

（1）証拠裁判主義

　まず、317条という条文をみてください。証拠調べの最初の条文です。

　▶▶▶第317条

　　事実の認定は、証拠による。

　「事実の認定は、証拠による」とは、当たり前の条文ではないかと思われるかもしれません。これを証拠裁判主義の条文というふうにいいます。事実の認定は証拠によるというのは、あまりにも当たり前のことが書いてあるわけですが、昔は証拠によらないで、直感や霊感などで判断していたときもあったのです。そこで、今は証拠によらないといけないということになっています。ただそれにしても、ちょっと当たり前すぎます。そこでもうちょっとこの317条には、積極的な具体的な意味があるのではないかと、今は考えられています。それはどういうことかについて話をしていきます。

キーワード　証拠裁判主義
「事実の認定は、証拠による」という317条が宣言する主義のことで、これに歴史的意義以上の意味をもたせるべく、解釈論としては、刑罰権の存否および範囲に関する事実については厳格な証明を、それ以外の事実については自由な証明を要求するということを意味するものと考えられている。

Ⅲ　証明と認定……145

（2）厳格な証明

　まず、317条の「証拠による」というのはどういうことでしょうか。それは、証拠能力ある証拠による、適式な証拠調べを経た証拠による証明方法ということです。これを厳格な証明といいます。証拠能力ある証拠によって、適式な証拠調べ手続を経た、そういう証拠によって証明することを厳格な証明というわけです。証拠能力ある証拠を使えということ、それからもう1つは、適式な証拠調べを経ろということ、この2つの要請があるというのです。

　つまり、まず、適式という言葉は、適法といってもよいのですが、適式な証拠調べを経た証拠でなければならないということは、法律の手続に従って証拠調べをした証拠で認定しなければならないということです。そして、証拠能力がある証拠によって認定しなければいけないということです。317条は、実はそのことをいっているのです。

　ここで証拠能力について簡単に説明しておきましょう。証拠能力とは証拠として法廷に提出して、事実認定に供しうる能力をいいます。法廷に証拠として提出することができる能力です。簡単に言えば、証拠としての許容性です。証拠としての許容性のことを証拠能力というふうにいうと思っておいてください。裁判所が証拠として使うことができるかどうかという問題なのです。これは覚えておいてください。

　それでは、その証拠能力を具体的に考えてみましょう。たとえば、強制・拷問によって自白を得たとします。そこで得た自白という証拠を法廷で証拠として使っていいのでしょうか。拷問によって得た自白、そんな証拠はそもそも裁判所で使うべきではない、そもそも法廷に出すべきではないと、当然誰でも思います。そのようなときにその自白は証拠能力がないというふうにいったりするわけです。

　それから、違法収集証拠です。これは、たとえば警察官が違法な捜査の

キーワード　**厳格な証明**
証拠能力ある証拠による、適式な証拠調べを
経た証拠による証明方法をいう。

146……第4章　公判手続

やり方をしたとします。具体的には違法な所持品検査というものをやった わけです。職務質問をして、無理やりかばんの中をひっかき回して覚醒剤 を取り出したというような場合です。そういう違法に収集した証拠もやは り法廷に出すべきではない、証拠として使うべきではない、許容すべきで はないといったときに、それは証拠能力がないというのです。

次に、「また聞きの証拠」の場合です（証人、供述書でもいいです）。検 察官が取り調べた供述調書の中に「私の友人が被告人の友達で、その被告 人が実際にやったことをその友達に告白したということを友達から聞きま した」なんてことが調書の中に出てきたりします。自分が直接聞いたこと ではなくて、友達が聞いたことを聞きましたということです。「また聞き」 を伝聞といいますが、そのようなまた聞きの証拠ばかりが提出されたりす ると、信用性が乏しいということがありえます。ですから、また聞きの証 拠、つまり伝聞証拠は、そもそも使うべきではありません。本当に証人が 自分の目で見たり、実際に聞いたことだけを証言してもらうべきじゃない かということもあります（これを伝聞法則といいます。320条1項）。

さらに最近、科学的な方法による証拠というものも出てきました。科学 的な調査の方法といっても、実験の仕方がとんでもないいいかげんなもの では信用ができません。たとえば、警察犬の臭気選別というのがあります。 これは、犯行現場での遺留品と犯人の同一性識別のために犬の嗅覚を利用 するものです。ところが、その時に臭気選別をやった警察犬が風邪を引い ていたとします。それで、全然鼻がきいていなくて、10回テストをして8 回くらい失敗したのですが、それにもかかわらずやってみた結果なんても のは、そもそも使うべきではないでしょう。ですから、そのようなものは はじめから証拠として採用するべきではないということもあります。

さらに、科学的方法として「声紋鑑定」、「筆跡鑑定」、「毛髪鑑定」、「ポ リグラフ検査」などがあります。また、最近、新聞や週刊誌でも取り上げ

キーワード **自由な証明**
厳格な証明方法によらない証明のことをいう。

Ⅲ　証明と認定……**147**

られることの多い科学的証拠に「DNA型鑑定」があります。これは人の細胞内に存在するDNA（デオキシリボ核酸）を形成している塩基配列に着目して、これを鑑定対象にして分析することによって個人の識別を行う方法です。しかし、この「科学的」方法はいまだDNAのどの部位を取り出して、どのように鑑定するのがベストなのかが確立していません。この証拠能力をめぐって争われている裁判もあります。

　それから、たとえば窃盗罪の裁判で検察官が「被告人は昔、こんなものが好きでした」と言って、被告人の好物などを一生懸命調べて立証したとします。「何か関係あるんですか」と聞いたら、「いや関係はありませんが、とりあえず言ってみました」と答えたとします。被告人はこんなのが好物

違法に収集された証拠

　令状を呈示することなく家の中を捜索した、といったような違法な方法で収集された証拠も犯罪事実を立証するための証拠として認めてよいでしょうか。

　たしかに供述と違って、収集のために違法な方法が用いられたとしても、証拠物の形や、それ自体の性質などには変化がありませんから、証拠としての価値には変わりはありません。

　しかし、憲法は適正手続を保障しています（憲法31条）。その趣旨は、適正な手続を保障することによって、被疑者・被告人に対する不当な人権侵害を防止する点にあります。ところが、違法な方法で収集された証拠も犯罪事実を立証するための証拠として無制限に認められるということになると、この適正手続の保障を実現することができません。また、将来において同様の違法捜査が繰り返されるおそれも出てきます。

　そこで、最高裁判所は、「令状主義を没却するような重大な違法があり、これを証拠として許容することが、将来における違法捜査抑制の見地からして相当でないと認められる場合においては」証拠とすることができないということを判示しました。これが違法収集証拠排除法則とよばれるものです。

148……第4章　公判手続

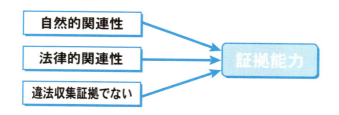

で、こういうのが嫌いですというようなことは事件とは関係がないわけですから、やはり取りあげるべきではありません。

このように、そもそも裁判所が調べる必要がないことはいっぱいあるわけです。また、調べると、裁判官に変な印象を与えてしまって公平な判断ができなくなってしまうものもあります。このようなものが証拠として使われるのを排除するために証拠能力が要求されているのです。

そのときに証拠能力があるかないかのチェックのポイントとして、一応解釈上3つの要件を課します。

まず、時間的・物理的に有限な法廷で適正な事実認定をするのに、まったく関係のないことを証拠として調べたのでは無駄です。これを①自然的関連性といいます。まったく無関係なことを調べても意味がないということが、自然的関連性です。

また、関係は認められるとしても、原則上、事実認定者に誤った判断をさせるおそれのあるようなものはあらかじめ提出できないことにします。これを②法律的関連性がないといいます。

それから更に、違法な捜査活動によって得られた証拠に基づいて事実認定をすることは、法が令状主義をとって、人権を守ろうとしている趣旨に反します。また裁判所がそのような証拠によって有罪を認定するのも、法の番人である裁判所の立場と相容れないわけです。そこで、このような③違法収集証拠を排除します。

自然的関連性、法律的関連性があり、違法に収集された証拠でないことが、証拠能力が認められるための要件ということになるのです。何らかの自然的関連性、要するに、その事件との関係が何かあり、法律的な関連性、法律によって制限されていない、そして一番最後に、特に明文の規定があるわけではないのですが、違法に収集された証拠ではないということが証拠能力の要件なわけです。

ａ．自白法則

　法律的関連性の有無を判断するに際しては、具体的には、自白法則と伝聞法則とが問題となります。まず、法が自白について証拠とすることができない場合を規定しているのが自白法則です。319条をみてください。

> ▶▶▶第319条
>
> 　強制、拷問又は脅迫による自白、不当に長く抑留又は拘禁された後の自白その他任意にされたものでない疑のある自白は、これを証拠とすることができない。
>
> 　②　被告人は、公判廷における自白であると否とを問わず、その自白が自己に不利益な唯一の証拠である場合には、有罪とされない。
>
> 　③　前２項の自白には、起訴された犯罪について有罪であることを自認する場合を含む。

　319条１項をみますと、「強制、拷問又は脅迫による自白、不当に長く抑留又は拘禁された後の自白その他任意にされたものでない疑のある自白は、これを証拠とすることができない」と書いてあります。「証拠とすることができない」、すなわち証拠能力がないことをいっているわけです。要するに強制・拷問などによる自白は、証拠能力がありませんといっている条文です。

ｂ．伝聞法則

　次に、いわゆる「また聞き」の証拠を証拠とできないというのが、伝聞

法則です。320条をみてください。

▶ ▶ ▶ 第320条

第321条乃至第328条に規定する場合を除いては、公判期日における供述に代えて書面を証拠とし、又は公判期日外における他の者の供述を内容とする供述を証拠とすることはできない。

② 第291条の2の決定があつた事件の証拠については、前項の規定は、これを適用しない。但し、検察官、被告人又は弁護人が証拠とすることに異議を述べたものについては、この限りでない。

320条1項には「第321条乃至第328条に規定する場合を除いては」とありますが、こういう一定の例外の場合を除いては、「公判期日における供述に代えて書面を証拠とし、又は公判期日外における他の者の供述を内容とする供述を証拠とすることはできない」と書いてあります。

まず、後半部分ですが、「公判期日」というのは、法廷のことだと思ってください。つまり、法廷外における他の者の供述を内容とする供述を証拠とすることはできないという意味です。要するに、「また聞き」の証拠のことを指しています。

たとえば、法廷に証人Aという人が出てきたとします。法廷に出てきた証人Aが「私はBさんからこんなことを聞きました」と法廷外で聞いたことをその法廷で述べました。まさにAが自分が見聞きしたことではなくて、Aがまた聞きで聞いたことを法廷で述べているわけです。320条1項の後段部分は、このような公判期日外における法廷外における他の者の供述は証拠としてはいけないといっているわけです。あくまで自分で見聞きしたものでなければならないというわけです。

更には、証言を書面で代用してもいけません（320条1項前段）。ですから書面を証拠とすることは、実は原則としてできないのです。それはどういうことでしょうか。

Ⅲ　証明と認定……151

たとえば、証人が検察官の前で、何か供述して、それが書面になります。その書面を検察官が法廷に証拠にして提出したとします。しかし、それはある意味では伝聞、すなわち、また聞きなわけです。要するに本人はそこの法廷にいないわけですから、本当にその人がそんなふうに見聞きしたかどうかは、供述書という紙に書いてあるけれど、紙を尋問するわけにはいきませんから、やはり本人に聞いてみなければわからないわけです。「あなた、本当にそれ見ましたか。聞きましたか」ということを、その本人に対して反対尋問をする必要性があるのです。

　なぜかと言うと、人の知覚・記憶・叙述などはきわめていい加減なものだからです。人間の見たり聞いたり、または記憶したり、叙述したりすることというものは、すごくいい加減です。したがって、人の見聞きしたことというのは、そのまま証拠にするのではなくて、必ず本人に反対尋問と

自白

　自白とは、自分の犯罪事実の全部またはその重要部分を認める被告人の供述のことをいいます。

　自白はその重要性から「証拠の女王」とまでよばれてきました。人は、通常自分に不利なことは言わないだろうと考えられていますから、自白があることは犯罪事実を立証するための重要な証拠となるのです。自白をとるために、強制や拷問が行われてきたことは、周知の歴史的事実といえるでしょう。このような歴史的経験から、刑事訴訟法では、自白の採取、その利用について大きな制約を設けています。

　まず、自白の採取に関しては、任意に得られたものでない自白を証拠として認めない（証拠能力を認めない）という自白法則

があります（憲法38条2項、刑事訴訟法319条1項）。たとえば、両手錠をしたままで取調べをした結果得られた自白や捜査機関が不起訴の約束をした結果得られた自白については、自白法則により証拠能力は認められず、検察官はこれを証拠とすることはできません。

　次に、自白を得られたとして、その利用について、自白偏重による誤判を防止するため、自白が唯一の証拠である場合には有罪とすることができないという補強法則があります（憲法38条3項、刑事訴訟法319条2項）。たとえば、被告人が自白をしているが、自白した事実について他に何の証拠もないような場合には、補強法則により、裁判所は被告人を有罪とすることはできません。

いうものを加えて、知覚・記憶・叙述の各過程の正確性および内容の真実性を吟味した上で証拠にしなければいけないのです。

　たとえば、実際に法廷で「私は犯人が被害者の家から飛び出してくるのを見ました」という証人が、目の前に登場してきて、証言したとします。これに対して、弁護側が、「あなたは犯人が出てきたのを見たと言いましたが、本当に見たのですか。それはいつごろの話ですか」と反対尋問すると、「いや、私は確かに見ました。犯人が、赤いジャケットを着て、ジーパンをはいて飛び出してくるのを見ました」などと答えます。

　そこから更に、このように尋問が進みます。弁護側が「じゃあ、あなたは見たと言いますが、どれくらいの距離から見たのですか」と聞くと、「だいたい２、30メートル離れて見たと思います」、「そうですか。どれくらいの時間でしたか」、「ちょっと、時間はよくわからないのですが、ちょっと暗くなりかけだったと思います」「ちなみに、あなたの視力はどれくらいですか」、「今ちょっと眼鏡をかけていますが、裸眼でも、別に大丈夫です。よく見えます」、「じゃあ、そのときにあなたは眼鏡をかけてましたか」「いや、かけてませんでしたが、確かに見ました。私は眼鏡をかけてなくてもよく見えるのです」、「本当にそうですか。じゃあちょっと、そこの時計が今何時か見てもらえますか」、「ちょっと読めないのですが」……。

　こんな感じで人の見たり聞いたりしたことの記憶はまず、いい加減なものです。それから本人がうそをついている場合もありますし、つくつもりではなくても、記憶というものはすごくいい加減で、結果的に真実に反することを証言してしまう場合もあります。人の記憶は意識していなければ、きわめていい加減なものです。たまたま、目の前をぱっと通ったとか、たまたま何かで目撃したとしても、それはきわめていい加減かもしれません。それから、「確かに飛び出してくるところを見ました」などと言うけれど、「飛び出してくるというのは、どういうことなのですか。走って出てきた

Ⅲ　証明と認定……153

んですか、それともゆっくり出てきたんですか」という質問に対して、「いや、私には飛び出してきたように見えたけれども」と答えるのですが、実は歩いて出てきたにすぎないということもあります。また表現のところも、本人の表現と私たちがそれを聞いたときの感じが違ったりすることがあります。

　そういうわけで、きちんと反対尋問をしないと、間違いが入っている危険性・可能性が非常に高いわけです。ですから、反対尋問は真実発見という観点からも必要なことです。また、被告人にしてみれば、誰かが自分に不利益な証拠を出したら「ちょっと待った。あなた、それ違うよ」という反対尋問をしたいと思います。それは実は被告人の人権なのです。被告人は自分で攻撃して吟味したそういう証拠に基づかなければ有罪にならないという権利をもっています。憲法37条１項に「すべて刑事事件においては、被告人は、公平な裁判所の迅速な公開裁判を受ける権利を有する」とあり、２項は「刑事被告人は、すべての証人に対して審問する機会を充分に与へられ、又、公費で自己のために強制的手続により証人を求める権利を有する」と規定しています。

　すなわち、証人審問権は憲法上の権利、人権なのです。自分が有罪になるとき、自分できちんと証人審問して吟味した証拠に基づいてでなければ有罪にならない、これは人権なのだということを覚えておいてください。

　実は伝聞法則というのは、法律では320条の規定ですが、これは憲法37条２項前段の人権を具体化したものなのです。憲法37条２項前段の人権を具体化したものが伝聞法則というわけです（通説）。

　伝聞法則のところで条文をみて、書面は法廷に出せないといいました。書面を法廷に出せないということは、おかしいと思うでしょう。実際、裁判傍聴をすると書面ばかりだった、と思う人もいるかもしれません。実はこの320条には例外があるのです。

320条1項のところで、「第321条乃至第328条に規定する場合を除いては……」と書いてあります。321条から328条までが、伝聞法則の例外なのです。一定の要件を満たした供述書や供述録取書といったものについては、証拠能力が認められるというような例外が、321条以下にずっと書いてあります。この例外を勉強するのが、まさに伝聞法則の勉強の中心です。

その中のひとつの326条をみてみましょう。

▶▶▶第326条
　検察官及び被告人が証拠とすることに同意した書面又は供述は、その書面が作成され又は供述のされたときの情況を考慮し相当と認めるときに限り、第321条乃至前条の規定にかかわらず、これを証拠とすることができる。
　②被告人が出頭しないでも証拠調を行うことができる場合において、被告人が出頭しないときは、前項の同意があつたものとみなす。但し、代理人又は弁護人が出頭したときは、この限りでない。

326条1項に「検察官及び被告人が証拠とすることに同意した書面又は供述は、その書面が作成され又は供述のされたときの情況を考慮し相当と認めるときに限り、第321条乃至前条の規定にかかわらず、これを証拠とすることができる」と書いてあります。すなわち、相手方が同意した書面は、証拠能力があることになるのです。ですから、法廷に行くと、これについては同意します、この書面は同意します、すべて同意しますとか、必ずそういう場面が出てきます。これはこの326条1項の同意を確認しているのです。

（3）厳格な証明の対象

さて、317条は、適式な証拠調べ手続を経た証拠能力ある証拠によって事実認定をしなければいけないといっていると解釈しました。このような

Ⅲ　証明と認定……155

証明のことを厳格な証明といいます。証拠能力ある証拠による適式な手続を経た証拠による証明のことを厳格な証明といいます。

あらゆる証明でこの厳格な証明を行えばいいのかもしれませんが、実はそうではありません。犯罪事実に関してはこの厳格な証明が必要ですが、それ以外の事実については、自由な証明によります。自由な証明が厳格な証明の対概念です。厳格な証明によらない証明のことを自由な証明といいます。

犯罪事実の存否や程度に関する事実については、被告人に重大な影響を与えることから、厳格な証明の対象とします。しかし、それ以外の事実については、厳格な証明の対象からはずし、自由な証明で足りると考えるのが一般です。

たとえば「被告人には傷害罪が成立し、拘禁刑3年が相当であるが、その刑の執行を5年間猶予する」という判決をだすには、傷害罪を構成する事実である、「人の身体を傷害した」という構成要件事実、その傷害行為が正当防衛行為や緊急避難行為としてなされたものでないなど、違法性阻却事由が不存在であることを示す事実、被告人に犯行当時責任能力があったこと、期待可能性があったことなど、責任阻却事由がないことを示す事実、執行猶予を行うための要件があることを示す事実（期間的要件を満たしていること、傷害後の事情として、被告人が、深く反省し、相手方に対して損害の賠償を行っていることなど）、被告人の犯行だと判明したのが被告人の捜査段階での自白によるものであった場合には、その自白が任意になされたものであること（319条1項）を示す事実、目撃者から話を聞いた者の証言による場合には伝聞例外の要件を満たしていること（321条以下）を示す事実、など、諸々の実体法上、訴訟法上の事実が前提になりますが、このような事実すべてについて厳格な証明を要求するべきなのかが、ここでの問題点となります。

たしかに、すべての事実を厳格な証明の対象とすれば、より間違いのない事実認定ができそうにも思われます。

　しかし、厳格な証明をすべてに要求すると、重要性の乏しい事実についても厳格に証明しなければならないことになり、訴訟経済に反する上、法廷に提出される証拠がかぎられてしまい、かえって妥当な裁判ができなくなるおそれも生じます。

　そこで、「犯罪事実の存否や程度に関する事実」については、被告人に重大な影響を与えることから厳格な証明の対象とするが、それ以外の事実については、厳格な証明の対象から外し、自由な証明で足りると考えるのが一般です。すなわち、立証の対象によって証明方法を異にすることで、重要な事実は慎重に、そうでない事実はそれなりに、と立証にメリハリをもたせることによって、より効率的かつ効果的な立証を狙うというのが、以上の解釈の目的です。

　そこで、構成要件、違法性、有責、処罰条件、要するに刑法で勉強するような事柄は、すべて厳格な証明でいきます。ところが、情状立証とか、情状証拠という言葉を聞くことがあると思いますが、犯罪をやったことはハッキリしているが、今は反省しているというような情状については、自由な証明で足りるとされます。

　たとえば、情状立証の典型的なのは、嘆願書です。被告人の職場や学校の友達や近所の人たちなどが「何とか寛大なる処分をお願いします。本人も十分反省していますから、寛大なる処分をお願いします」と、みんなで署名運動をして、何十人、何百人の署名を集めて嘆願書を法廷に提出することがあります。しかし、それはいうまでもなく書面です。ですから、もし厳格な証明が必要となると、嘆願書に100人の名前が書いてあったならば、100人全員を法廷に呼んで、証人尋問しなくてはいけないことになります。しかし、とてもそんなことはやっていられません。ですから、情状

Ⅲ　証明と認定……157

立証については、証人尋問をしなくても、書面でもいいことにしようということで自由な証明で足りるとされるのです。

　厳格な証明と自由な証明という言葉と、厳格な証明は適式な証拠調べを経た証拠能力のある証拠による証明であること、そして証拠能力には３つのハードルがあること（自然的関連性がある、法律的関連性がある、違法収集証拠でない）、これらの点はぜひ覚えておいてください。

❷誰が立証するのか（挙証責任論）
（1）公判手続の登場人物

　では、厳格な証明によるにせよ、自由な証明によるにせよ、被告人を処罰すべく証拠によって事実を立証するのは誰でしょうか。ただその前に、訴訟における登場人物について説明しておきましょう。

　これは、ご承知のように裁判官、検察官、被告人が不可欠の主人公です。

　問題は、この３者の役割をどのように考えるかです。戦前の旧刑事訴訟法下では、検察官が刑罰権の発動を求めて主張し、検察官から一件記録を引き継いだ裁判所が更に被告人を取り調べるという形で、検察官と裁判所は同じような役割を担っていて、被告人はというと、取り調べられる客体のような存在でした。しかし、これでは、被告人の人権の保障はないようなものです。

　そこで、現行法は、まず、被告人に、黙秘権（憲法38条１項、刑事訴訟法311条１項）を与え、自己に有利な証人を喚問する権利、自己に不利な証人に対しては反対尋問をする権利をそれぞれ与え（憲法37条２項前段）、さらに、法律の専門家である弁護人の助力を得る権利をも与えて（憲法37条３項、刑事訴訟法30条）、訴訟において積極的に争いうる地位である、訴訟の当事者としての地位を保障しました。

　また、他方、公訴提起のところで触れましたように、訴因制度、起訴状

一本主義の採用によって裁判所が検察官の嫌疑を引き継がないことになって、純粋な審判者としての地位におかれたことで、訴訟をどのようにしていくかということについては、審判者である裁判所が原則として口を挟むことはできなくなり、当事者である被告人と検察官の両者がイニシアティブをとって訴訟を追行していくことになりました。

このように、被告人に訴訟における主体的地位を与えて、訴訟の追行を行わせる訴訟構造を当事者主義的訴訟構造といいます。このような構造によって初めて被告人の人権を守りながら、真実を発見しうる手続になったといえるでしょう。

(2) 挙証責任論

次は、誰が立証するのかという挙証責任の問題です。この挙証責任というのは、民事訴訟法と考え方はまったく同じです。要するに、それによって真偽不明のときに不利益を受ける地位にあるのは誰なのかということです。

しかし、刑事訴訟法の場合には、はっきりします。「疑わしきは、被告人の利益に（in dubio pro reo）」ということで、挙証責任はすべて検察官ということになっています。

なぜ検察官なのでしょうか。もし挙証責任が被告人にあるとどうなるでしょうか。被告人は罪を犯したからではなく、自分の無罪が証明できないから有罪になる危険性があることになります。素人に近いような新米の弁護人を雇ったら「すみません。本当は無罪だったんですけど、ちょっと証明に失敗しました」ということで、有罪になる危険性があるわけです。これは被告人にとってはたまりません。これでは、冒頭でお話した刑事訴訟法の目的である人権保障と真実発見の調和に反します。

絶対に犯罪者を処罰するのではなくて、間違っても無実の者を絶対処罰

> **キーワード　挙証責任**
> ある要証事実の存否が不明であるときに、これによって不利益な判断を
> 受ける当事者の法的地位をいう。立証過程が終了し、自由心証主義が尽
> きたところに機能する、いわば、裁判所の「判定」のルールである。

Ⅲ　証明と認定……159

してはいけないというのが憲法31条の要請なわけですから、検察官に挙証責任がある、立証責任があるというのは、いわば当然ということになります。刑事裁判においては、挙証責任は検察官にあるということは覚えておいてください。

ケース9

　検察官は、被告人を殺人罪で起訴し、その構成要件該当性を立証しましたが、被告人は、「たしかに、自分は人を殺したが、それは正当防衛行為によるもので自分は無罪だ」と主張しています。

　このような場合、検察官は、正当防衛でないということまで立証しなければならないのでしょうか。

　ただ、すべての事実について検察官に挙証責任があるとしていいのかは問題があります。ケース9を見てください。殺人罪の構成要件に該当することを検察官が立証しました。被告人は自分が殺したが、正当防衛で無罪だと主張してます。ここで問題になるのは、正当防衛である、または正当防衛ではないということも検察官が証明しなければならないかということです。

　正当防衛（刑法36条1項）は違法性阻却事由ですから、阻却することによって利益を受ける被告人が立証すべきではないかという考え方も成り立ちます。民事訴訟法の場合には挙証責任は、それを証明することによって利益を受ける側が立証するというのが公平とされます。また、違法性阻却事由まで検察官に挙証責任を負わせることは過大な負担になるのではないかという配慮もあります。

　しかし、結論からすればやはり検察官です。被告人に挙証責任を負わせると、やはり犯罪の成否が不明なのに処罰することになる可能性があります。また、検察官は阻却事由の不存在を常に積極的に立証する必要はない

160……第4章　公判手続

のであって、被告人が主張してきたときに初めて主張責任を負うと解すれば検察官に過大な負担をかけるものではありません。

被告人が「正当防衛です」と言った場合に、検察官は「いや、正当防衛ではない」と証明する必要があるとするのです。正当防衛ではないということを証明するのはそんなに難しいことではありません。たとえば、被害者は殴りかかろうとしたわけでもなんでもないということを証明することは、さほど困難ではないでしょう。

ただし、刑法の世界で207条の同時傷害とか、230条の2の名誉毀損の事実証明、これは実は被告人に立証責任が転換されているきわめて例外的な場合です。だからこそ、これらは厳格に解釈していかなければいけないというふうにいわれています。

（3）どのように立証するのか（公判中心主義）

以上のような検察官による挙証や、それに対する被告人の反論はどのようになされるのでしょうか。

公平な裁判は、検察官の主張に理由があるか否かを国民が見守る公開の法廷で、当事者が生の証拠をぶつけ合い、事実認定者である裁判官の面前で論争して初めて実現できるものです。憲法37条1項が「公開」裁判を受ける権利を保障しているのもこの趣旨です。

したがって、公判手続は、このような公開の法廷でなされることを原則とするべきで、このような原則を、公判中心主義といいます。

キーワード 公判中心主義
刑事責任の存否・程度の確認は、公平な裁判所の前で、公開の法廷において、生の証拠がぶつかりあう直接主義のもとで、当事者が口頭で弁論することによって行われるべきであるとする主義をいう。現行法は、公判中心主義を実現するために、当事者主義を採用し、公開主義、口頭主義、直接主義、迅速な裁判等の公判原則を採用している。

Ⅲ　証明と認定……161

司法取引等の平成28年改正

　2016（平成28）年5月24日、刑事訴訟法等の一部を改正する法律が成立しました。この平成28年改正は、取調べおよび供述調書への過度の依存から脱却するため、①証拠収集手段の適正化・多様化を図るとともに、②被告人側においても必要かつ充分な防御活動ができる充実した公判審理を実現することを理念としています。

　平成28年改正のポイントは、次のとおりです。

(1)　取調べの録音・録画制度の導入

　裁判員制度対象事件などの一定の事件について身体拘束中の被疑者を取り調べる場合には、原則として、その取調べの全過程の録音・録画が義務づけられることとなりました。検察官は、供述調書の任意性を立証するためには、当該供述調書が作成された際の取調べの録音・録画記録を証拠調べ請求しなければなりません。検察官が録音・録画記録を証拠調べ請求しない場合、原則として、当該供述調書の証拠調べ請求が却下されます（301条の2）。

　取調べの録音・録画制度については、対象事件の範囲が限定的である点が問題視されています。公判審理の充実化という理念にかんがみれば、対象事件以外の事件についても、可能なかぎり幅広く取調べの録音・録画が実施されることが強く期待されます。

(2)　合意制度等（いわゆる司法取引）の導入

　検察官は、一定の財政経済事件等の場合にかぎり、被疑者・被告人との間で、他人の犯罪事実について供述等をする代わりに、不起訴処分、特定の求刑その他の処分をする旨の合意をすることができることとなりました。いわゆる司法取引とよばれるものです。この合意をするためには、弁護人の同意が必要とされています（350条の2以下）。

　また、証人尋問において、裁判所の決定により免責を与える条件のもと、証人にとって不利益な事項について証言を義務づけることができるようになりました（157条の2、157条の3）。

　いわゆる司法取引の導入については、自身の刑罰を避ける目的で無実の第三者を引っ張り込むなど、冤罪の温床になるおそれがあると指摘されています。

(3)　通信傍受の合理化・効率化

　通信傍受の対象犯罪が拡大されました。もっとも、新たに対象犯罪となったものについては、組織的な犯罪に限定されています（通信傍受法3条1項）。

　また、暗号技術を活用し、記録の改変等ができない機器を用いることで、通信事業者の立会いなく傍受を実施できることとなりました（通信傍受法

20条、23条）。

　通信傍受は、通信の秘密を侵害し、個人のプライバシーを侵害する捜査手法である以上、その対象犯罪を安易に拡大することがあってはなりません。通信傍受の今後の運用については、私たち1人ひとりが関心をもち、捜査機関による違法な捜査を防止していくことが大切です。

(4)　裁量保釈の判断にあたっての考慮事情の明確化

　裁量保釈の判断にあたっての考慮事情が条文に明記されました（刑事訴訟法90条）。

(5)　弁護人による援助の充実化

　被疑者国選弁護制度の対象が、被疑者が勾留された全事件に拡大されました（37条の2）。

　また、司法警察員等が身体拘束中の被疑者・被告人に対して弁護人選任権を告知する際は、弁護人選任の申出方法等も教示することが義務づけられました（76条2項、77条2項）。

(6)　証拠開示制度の拡充

　証拠開示制度とは、被告人側が、検察官の主張事実を争うため公判で取調べ請求する証拠を選定する等の充分な防御準備を可能とするため、検察官の手中にある一定範囲の証拠を被告人側に配分する目的で設計された制度をいいます（316条の13以下）。

　平成28年改正により、検察官は、被告人側から請求があるときは、保管証拠の一覧表を交付する義務を負うこととなりました（316条の14第2項）。

　また、検察官、被告人および弁護人に公判前整理手続等の請求権が付与された（316条の2第1項）ほか、検察官が請求した証拠物に関する差押調書等が証拠開示の対象に追加されました（316条の15第1項9号、2項）。

(7)　犯罪被害者等・証人を保護するための措置

　一定の場合に、被告人が在廷する法廷とは別の裁判所との間でビデオリンク方式による証人尋問ができるようになりました（157条の6第2項）。

　また、加害等のおそれがある場合に、証人の氏名・住所の開示に条件を付すこと（299条の4）や、裁判所が氏名等を公開の法廷で明らかにしない旨の決定ができるようになりました（290条の3）。

(8)　証拠隠滅等の罪などの法定刑の引上げ

　証人不出頭等の罪や証拠隠滅等の罪の法定刑が引きあげられました（151条、161条、刑法103条、104条、105条の2）。

(9)　自白事件の簡易迅速な処理のための措置

　被告人が否認に転じるなどしたために、即決裁判手続によらないこととなった場合に、公訴を取り消し、再捜査を行って再起訴できるようになりました（刑事訴訟法350条の26）。

Ⅲ　証明と認定……**163**

❸誰がどのようにして認定するのか

　以上のように、検察官は被告人を処罰することを求めて証拠によって立証活動をするわけですが、いったいどの程度立証されれば、当該事実があったと認定してよいのでしょうか。また、誰が認定するのでしょうか。

(1) 立証の程度

　まず、立証の程度はどうでしょうか。誰がどのようにして認定するのかというところです。もちろん、誰がというのは裁判所が認定するわけですが、どの程度の立証が必要なのでしょうか。刑事裁判は刑罰権の発動がなされるか否かという被告人にしてみれば重大な効果を伴います。立証の程度も厳格に考える必要があります。そこで、「合理的疑いを入れない程度」まで立証しなければいけないという言い方をします。

　合理的疑いを入れない程度とはどういうことでしょうか。たとえば、AとBの2とおりの考え方ができるような場合、AよりはどちらかというとBのほうがということを証明の優越とか証拠の優越といいます。要するに、真ん中、50％よりもちょっと多いと判断することが証明の優越です。合理的疑いを入れない程度というのは、それでは足りないというわけです。合理的疑いを入れない程度の場合とは、通常人なら誰でも疑いを差し挟まない程度の真実らしいとの確信にまでいたらないとダメだというわけです。

　簡単に言えば、合理的疑いを入れない程度というのですから、疑いを加えないくらい確かだということまで証明できなければ有罪にはならないということなのです。普通の人が、そういう証拠を見たならば、まず誰も疑わないだろうというところまでの証明が必要であるということです。これを合理的疑いを入れない程度の証明というのです。これはかなり厳しいことです。かなり厳しい程度までと思っておいてください。裁判官が有罪か無罪かを悩んで「う～ん、どちらかというと有罪に近いかな」という程度

キーワード 公開主義
審判を公開の法廷で行うとする原則をいう。

164……第4章　公判手続

ではダメです。そうではなくて、これは有罪に違いないと確信にいたって、初めて有罪判決になるのです。ですから、「多分有罪だと思う、しかしひょっとしたら違うかもしれないな」と思ったならば、これは無罪にしなければいけないのです。それが合理的疑いを入れない程度ということだと思ってください。

　挙証責任は検察官が負いますから、合理的疑いを入れない程度まで検察官が証明しなければいけないということになります。ですから、弁護側・被告人は無罪を証明する必要はまったくありません。要するに、合理的な疑いを入れさせることができれば、それで十分なのです。そういう意味では弁護側は一切無罪を主張する必要はないわけです。検察官が、合理的疑いを入れない程度まで有罪を証明してきたときに、弁護側は「いやいや、ちょっと待って。実はこういうアリバイがあるから」と言って、疑いを残せばそれで十分です。それで、無罪になるということになるわけです。ですから、弁護人の役割というのは、無罪を主張することではありません。弁護人は検察官が主張してきたその証拠に、疑いをもたせるようなことを行えば十分なのです。

　ただ、実際には合理的疑いを入れない程度というのは、裁判官の良心というか、裁判官自身の個人的な価値観で決まりますから、具体的にはどの程度といわれても、けっこう難しいわけです。ですから、その価値観が、職業裁判官と一般の市民とではちょっと違っていることもひょっとしたらあるかもしれません。しかし、そのこと自体が問題なのです。本当はその価値観が一致していなければなりません。しかし、そこは人間のやることですから、プロの裁判官と一般の市民と価値観がずれてしまうかもしれません。ずれてしまったときには、また上訴で直していかなければいけないということになります。

　実際に裁判では、裁判官がどの程度の心証をもっているのかということ

キーワード　口頭主義
証拠調べを含む手続の進行に関し、書面等により密室で処理できないように、口頭で行うのを原則とする主義をいう。書面主義と対比される。

Ⅲ　証明と認定……165

は本当にわかりません。ポーカーフェイスで全然わかりません、そこが難しいのです。

本当ならば、裁判官が胸に何か心証メーターをつけていて、ウルトラマンみたいにピコピコ警告灯がついたりするといいのですが。たとえば、検察官がいろいろな証拠を出すと、その針がぴゅーっとゼロから90％くらいまでいくわけです。そうなったときに、弁護側が「あ、ちょっと待った。アリバイがある」と言うと、心証メーターがまた70％ぐらいまで戻ったりするわけです。それがかりに98％、99％まで行ったときに、初めて有罪というようになれば、明確なのですが、現実はなかなかそうもいきません。ですから、検察官は有罪を、弁護人は無罪を信じて一生懸命頑張るということになるわけです。

(2) 自由心証主義

このように、裁判所というのは、合理的疑いを入れない程度まで確信をもったときに、初めて有罪と宣告するのですが、そのときに疑いを入れない程度まで証明ができたと思うかどうかは、裁判官の自由なのです。それを自由心証主義といいます。合理的な疑いを入れない程度まで証明されたかどうかは、裁判官が判断します。立証は証拠によってなされます。立証の程度は証拠の価値によって決まりますが、それをどう評価するかは、裁判官の自由です。このように、証拠の評価は裁判官の自由な心証に委ねるという原則、これを自由心証主義といいます。

キーワード　直接主義
裁判所が直接取り調べた証拠だけを裁判の基礎としうるという原則をいい、これには、裁判所が直接オリジナルな証拠に接するべきで他の証拠で代用することはできないとする証拠法則に関する側面と、証拠調べは公判裁判所がみずから施行すべきで他の者に代行させることはできないとする手続原則としての側面とがある。

そして、証拠の価値を証明力といいます。318条をみてください。

▶▶▶第318条
証拠の証明力は、裁判官の自由な判断に委ねる。

自由心証主義の条文です。「証拠の証明力は、裁判官の自由な判断に委ねる」と書いてあります。証明力というのは、証拠としての価値、簡単に言えば証拠の信ぴょう性みたいなものです。証拠がどの程度信用できるかという信ぴょう性みたいなものを証明力といいます。

ここで注意してほしいのは、証拠能力という言葉と、この証明力という言葉を、区別するということです。先にお話したように、証拠能力が認められるかどうかは法律によって制限されます。自然的関連性、法律的関連性、違法収集証拠排除法則、というフィルターがかかるわけです。これが証拠能力です。次に、証拠能力が認められた証拠だけが、法廷に出てきて、裁判官が調べます。

裁判官がその証拠を見て、その価値は、すなわち証明力は、裁判官が自由な心証で判断するということになっているのです。証明力があるかどうかは、裁判官の自由心証で決まります。だからこそ、その自由心証を誤らせないようにするために、あらかじめ誤りを生じさせるおそれのある証拠は排除するわけです。証拠能力の段階で、あらかじめ裁判官の自由心証を誤らせる危険性のあるものは、排除してしまいます。それが証拠能力の話というわけです。刑事裁判における証拠の判断というのは、証拠能力の判断、証明力の判断の二段構えで判断されることになるのだということは、ぜひ覚えておいてください。

証拠能力が認められた証拠を見て、裁判官が自由な心証で判断していくことになるのが自由心証主義です。この自由心証主義の反対概念のことを法定証拠主義といいます。これは、あらかじめ法によって定めた証拠がないかぎり、一定の事実を認定してはならない、または、一定の証拠があれ

Ⅲ　証明と認定……**167**

ば必ず一定の事実を認定しなければならないとして、裁判官の自由な証拠
の評価を許さない考え方です。

　たとえば、自白がないかぎり有罪ということにはできないと、法律で決
まっているわけです。また逆に自白という証拠があれば、必ず有罪にしな
ければいけないと、もし決まっていたならば、それは法定証拠主義です。
日本は法定証拠主義ではありません。ですから、被告人が自白しても、無
罪にすることはもちろんできるということになっています。それは自由心
証主義を採用しているからです。

（3）自由心証主義のもとでの合理性の担保

　ただ、裁判官も人間です。間違えることも、間違った証拠評価をすること
もあるでしょう。ですから、その証拠評価が間違わないように、合理性を担
保する必要があります。そこで、自由心証主義を採用した場合、裁判官の恣
意的な独断的な判断をどのように防止するのかということが問題になります。

　まず、証拠評価が自由といっても、まったく裁判官個人の主観的評価で
あっていいというものではありません。それが、承認された経験則や論理
的法則に沿った合理的心証でなければならないのは当然です。裁判官の判
断というのは、一応合理的な判断でなければならず、常識に沿った、経験
則に沿った、当たり前な常識的な判断でなければいけないわけです。それ
を担保するために、判決文には証拠を掲げなければいけないということに
なっています。

　　▶▶▶第335条
　　有罪の言渡をするには、罪となるべき事実、証拠の標目及び法
　令の適用を示さなければならない。
　　②　法律上犯罪の成立を妨げる理由又は刑の加重減免の理由と
　なる事実が主張されたときは、これに対する判断を示さなければ

168……第4章　公判手続

ならない。

有罪判決に判決理由として、証拠の標目を記載することになっていて、証拠から結論を導くのが経験則や論理的法則にしたがった合理的な心証であることの検証の手がかりを残すことになっています。そのために、どういう証拠に基づいて有罪にしたのか、有罪にするときに使った証拠を判決文の中に掲げさせる必要があるのです。ですから、その証拠を有罪の証拠にしましたとか、有罪の理由にはこの証拠を使いましたと箇条書きふうに判決文には掲げられています。それはあとから、そういう証拠に基づいたのならば、有罪にはできないのではないかというような検討ができるようにするためにも必要なわけです。

次に、証拠能力を厳しく制限しています。これは、裁判官に自由に評価させるべき証拠の対象を絞ることで、的確な証拠のみを評価させようとしたものです。このように、証拠能力というのも、自由心証主義を担保するためのものなのです。

それから、自由心証主義に対するさらに重大な制約として、自白についての補強法則というものがあります。

この補強法則というのは、自白が唯一の不利益な証拠である場合には、有罪とされないという原則です。自白だけしかないときには有罪にされません。その自白を裏付ける何かの証拠がないかぎりは有罪にはならないのです。それを自白補強法則といいます。

これを根拠づける条文が、憲法38条3項の「何人も、自己に不利益な唯一の証拠が本人の自白である場合には、有罪とされ、又は刑罰を科せられない」と、319条2項の「被告人は、公判廷における自白であると否とを問わず、その自白が自己に不利益な唯一の証拠である場合には、有罪とされない」です。自己にとって不利益な唯一の証拠が自白でしかないときには、有罪になりません。ほかに何らかの物的な証拠、ほかの何らかの証人

の証言などがないと有罪にはできません。

　ですから、少なくとも被害者の死体があがっているとか、凶器としてのナイフが出てきたとか、目撃証人がいるとか、何か別の証拠がないかぎりは絶対に有罪にならないわけです。これも自由心証主義についてのひとつの例外というか、制約であると思ってください。

　自白が証拠として提出されると、やはり裁判官としても、どうしても有罪にしてしまいがちです。自白にはすごく大きな影響力があります。「本人がやったと言っているのだから、やったんじゃないの」と判断をしてしまいがちです。そこで判断を間違ってしまいがちなので、補強証拠を要求するという構造になっているわけです。自白というものが、それによって不利益を受ける被告人自身の供述である点で、他の証拠に比べて格段に証明力が高く、ともすれば裁判官が安易に信用してしまうという危険な側面があるから、このように心証の自由を制約しているのだと思ってください。

　このように、裁判の過程というのは、証拠能力がある、そういう証拠に基づいて、適式な証拠調べ手続を経て行われます。そして、裁判官は自由な心証に基づいて証拠価値を評価し、合理的な疑いを入れない程度にまで確信を抱くかどうかが、法廷で行われる証拠調べということになるわけです。

　さらに、証拠能力という概念はとても大切ですが、先ほどお話したとおり、３つのフィルターがありました。①自然的関連性というのは、その事件とはまったく関係のないようなことは法廷にもち込むべきではないということです。②法律的関連性として、自白法則と伝聞法則がありました。③違法収集証拠排除法則は条文にはないのですが、違法に集めた証拠に証拠能力はない、有罪の資料に使えないということになっていました。

　以上の話が公判手続のおおまかな流れでした。そして、最終的な弁論も終わって、判決が言い渡されることになります。

170……第４章　公判手続

理解度クイズ④

1 訴因の機能として適切でないものはどれか。

① 被告人に防御の範囲を知らせる告知機能

② 裁判所に対し審判の範囲を画する識別機能

③ 社会に対し犯罪を明らかにすることによる犯罪予防機能

2 検察官はいかなる程度まで立証しなければならないか。

① 証明の優越する程度

② 合理的疑いを入れない程度

③ 被告人が納得する程度

④ 国民が納得する程度

3 訴因変更はどのような範囲で可能か。

① 裁判所に予断を生じさせない限度

② 迅速な裁判を害しない限度

③ 公訴事実の同一性を害しない限度

④ 検察官の合理的意思を超えない限度

4 厳格な証明とはどのようなことか。

① 複数の証拠による慎重な手続を経た証明

② 全裁判官の一致によって決定した証拠による証明

③ 適式な証拠調べ手続を経た証拠能力ある証拠による証明

④ 公判廷に現われた証拠のみによる証明

5　刑事訴訟法上立証責任を負うものは誰か。

① 裁判官

② 被告人

③ 検察官

④ 弁護人

※解答は巻末

172……第4章　公判手続

第5章
裁判

Ⅰ 裁判の意義と種類

Ⅱ 裁判の成立

Ⅲ 裁判の効力

Ⅳ 救済手続

Ⅴ 裁判の執行

Ⅵ 被害者の保護

I 裁判の意義と種類

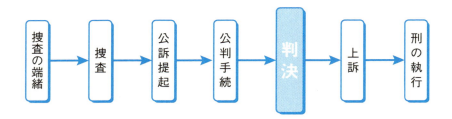

　次に、裁判です。裁判というと、前に述べた公判手続そのものをいうと思われるかもしれませんが、法律用語としての「裁判」とは、裁判所または裁判官（または裁判長）の公権的な判断を内容とする意思表示をいいます。

　裁判の種類ですが、裁判には判決・決定・命令と3種類あります。判決・決定・命令は、民事訴訟と同じです。判決・決定は、裁判所が行いますが、命令というのは、裁判官が行います。

　裁判で、重要なものは判決です。公訴棄却の決定のように、それほど重大でないものは決定という形で行われて、口頭弁論が必要ないことになっています。第1回公判期日前の勾留は、裁判官が勾留することを決定します。これが命令といわれるものです。決定と命令では、不服申立ての方法が異なります。

　裁判の種類は、代表的なものとして、有罪判決、無罪判決、管轄違いの判決、免訴判決、公訴棄却判決・決定の5種類があることを覚えておいてください。

❶形式による区別

裁判の形式	判決	決定	命令
裁判の主体	裁判所	裁判所	裁判官
口頭弁論の要否	必要（43Ⅰ）ただし、特別の定めある場合は不要	不要（43Ⅱ）	不要（43Ⅱ）
理由の要否	付する必要あり（44Ⅰ）	上訴を許さないものには不要（44Ⅱ）	上訴を許さないものには不要（44Ⅱ）
不服申立方法	控訴（372）・上告（405）	抗告（419）	準抗告（429）
具体例	◎有罪判決（335）◎無罪判決（336）など	◎公訴棄却の決定（339）など	◎第1回公判期日前の勾留に関する処分（280）など

　裁判の形式による区別については、表にまとめておきましたので参照してみてください。なお、裁判の種類については、上記のような区別も押さえておいてください。

❷終局裁判と終局前の裁判

　「終局裁判」とは、訴訟をその審級において終了させる効果をもつ裁判のことで、たとえば有罪・無罪の判決（335条、336条）、管轄違いの判決

（329条）、公訴棄却の判決（338条）、公訴棄却の決定（339条）、免訴の判決（337条）などがあります。

「終局前の裁判」とは、終局裁判以外の裁判をいい、これには、審理途中でなされる決定、命令があります。

両者の違いは、その裁判に不服な場合に、上訴が許されるかどうかにあります。すなわち、終局前の裁判の場合は当該裁判に不服であっても、それは、その後になされる終局裁判自体の不服の問題として考えればよいので、法律に特別の規定がないかぎり、上訴は許されません。

❸実体裁判と形式裁判

終局裁判は、更に実体裁判と、形式裁判とに分けられます。

「実体裁判」とは、終局裁判のうち、被告事件の実体に対する判断を内容とする裁判で、有罪・無罪の判決をいいます。

「形式裁判」とは、終局裁判のうち、被告事件の実体に対する判断をしないで手続を打ち切る裁判をいいます。たとえば、管轄違いの判決（329条）、免訴の判決（337条）、公訴棄却の判決（338条）、公訴棄却の決定（339条）などがあります。

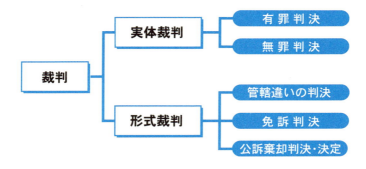

Ⅱ　裁判の成立

　さて、裁判の成立ですが、裁判の内容は裁判所の内部で客観的に形成され、あとは外部に告知するだけの状態にしていることを内部的成立といいます。要するに、裁判所の中でそれでは、こういう判決にしましょうと決まった状態のことです。合議で相談して、被告人は拘禁刑３年６か月にしようというように決めたような段階を内部的成立といいます。

　これが外部に告知されると裁判は外部的に成立します。裁判というのは裁判所が外部に告知することによって成立するということになっています。判決を言い渡すことによって成立することになります。

　このように分けて考えるのは、次のような理由によります。

　たとえば、合議体の裁判の場合、その評議（合議）の終了したときに内部的に成立したことになりますから、これ以後にもし裁判官が交替したとしても、裁判自体はできあがって、ただ、外部に告知することのみを残すだけですから、問題を生じません。これに対して、内部的にも成立していないとすると、今まで認定をしてきた裁判官を簡単に交替させるわけにはいかず、一定の手続を必要とすることになります。

　また、外部的に成立しますと、その判決を告知した裁判所自身がみずからこれを取り消し、変更することはできないという効果を生じます。すなわち、取消し、変更は、もはや、上訴によらねばならないことになるのです。

Ⅱ　裁判の成立……177

Ⅲ　裁判の効力

　さて、そのように言い渡された判決は、一定の効力をもちますが、外部的に成立した裁判が、上訴等の手続期間を経過し、もはや争うことができなくなった状態を裁判の確定といいます。その上訴期間は14日間（373条・414条）あるのですが、期間を過ぎた場合、または上訴を取り下げたとか取り消すことで、裁判が確定するわけです。

　さて、裁判が確定すると、どういう効果が生じるのでしょうか。

　まず、裁判を執行することができます。

　▶▶▶第471条
　　裁判は、この法律に特別の定のある場合を除いては、確定した
　後これを執行する。

　次に、裁判が確定した事件については、再度の起訴が許されなくなります。これを起訴した場合には、裁判は免訴の判決になります。これを既判力といいます。この既判力は、民事訴訟法の既判力とほとんど同じような意味だと思ってください。既に判断したことに基づく力ということです。要するに、再び起訴することはできませんというのが既判力です。同じ事件について、その訴因について、公訴事実について再び公訴提起することはできない、再び起訴することはできないということを既判力が生じたといいます。ただし、既判力については、言葉の使い方は統一されていませんので注意が必要ですが、ここでは、既に判示した事項についての効力というように素直に捉えて、既判力としておきます。このような効力を認めるのは、争いを解決しようとして裁判をしている以上、それが確定した場合に、このような効力を認めるのは当然だからです。もし、有罪・無罪の判決がでたにもかかわらず、その訴因事実についてもう1回起訴した場合は、免訴という判断を裁判所はすることになります。

178……第5章　裁判

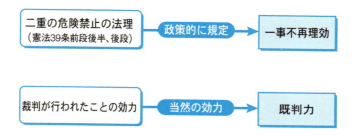

▶▶▶第337条
左の場合には、判決で免訴の言渡をしなければならない。
1　確定判決を経たとき。（2〜4号略）

　たとえば、窃盗罪について有罪の確定判決を得た場合、その窃盗でもう1回起訴することは、既判力に抵触しますからできません。ところが、この窃盗の時に犯した住居侵入でまた起訴された場合はどうでしょうか。要するに、住居侵入して窃盗という事件を犯したわけです。その被告人が最初の事件では、窃盗罪だけで起訴されたのです。

　ところが、検察官が後から、この被告人は窃盗の時に実は一緒に住居侵入も犯していたとして、もう1回住居侵入で起訴して有罪判決を求めることができるのでしょうか。結論から言えば、できないというのが判例、通説の立場です。このように確定判決によって生じる再訴を遮断する効力を一事不再理効といいます。

　この一事不再理効はどの範囲で生じるのでしょうか。

　学界の有力な見解は、一事不再理の根拠を憲法39条前段後半、後段の二重の危険禁止の法理に求めて、有罪または無罪判決のあった訴因と公訴事実の同一性の範囲内にある事実全体に対して、一事不再理効が生じると考えます。公訴事実の同一性は、前述のとおり訴因変更ができる範囲でした。訴因変更ができる範囲ということは、その同じ手続の中で処理できたはず

の範囲ということです。

　要するに、窃盗罪で起訴されているわけです。そのときに窃盗罪という訴因から、住居侵入罪と窃盗罪という訴因に変更すること、これは公訴事実の同一性の範囲内にあるからできます。言い換えれば、窃盗罪で起訴されたその事件の中で、住居侵入罪も同時に処理することが可能だったわけです。それは訴因変更という形で同時処理が可能だったわけです。にもかかわらず、検察官は同時処理をしませんでした。窃盗罪だけで有罪になったわけです。その後、同時処理ができたにもかかわらず、処理しなかった住居侵入罪に対して再び起訴するということは、許されないと考えるわけです。また、被告人の地位の安定の観点からも、一度公訴事実の同一性の範囲内で有罪の危険にさらされた以上は、同じ範囲内では再起訴されて再び危険にさらされるべきではありません。二度と同じ事件について有罪の危険にはさらされないというのが、二重の危険禁止の法理を定めた憲法39条前段後半、後段の要請なのです。

> ▶▶▶憲法39条
> 　何人も、実行の時に適法であつた行為又は既に無罪とされた行為については、刑事上の責任を問はれない。又、同一の犯罪について、重ねて刑事上の責任を問はれない。

　まとめて有罪にできた範囲については1回しか裁判は許さないということです。それをいくつにも分割して何度も何度も被告人として、苦しい思いをさせることは認めるべきではないわけです。同じ公訴で処理できたのだから、それは1回でやるべきであるという考え方です。公訴事実の同一性の範囲内では、一事不再理効が生じます。これは既判力とは別の概念なのです。

　この考え方は、どちらかというと人権保障の発想です。同時に処理できたのだから、同時に処理するべきであるというのは、単に人権保障、被告

人の利益のことだけを考えている考え方です。裁判の本質から出てくる話ではありません。裁判の本質からすれば、住居侵入罪はまだ裁判をしていないのだから、既判力はまだ生じていません。にもかかわらず、同時に処理できたのにしなかったのだからもはや起訴できないということは、検察官に対する制裁・非難であり、逆に被告人に対してはその地位の安定という人権保障の趣旨から、いわば政策的に認められたものということになります。それが一事不再理効というものです。

　ですから、一種の人権保障の観点から認められた政策的なものが、この一事不再理効といわれるものになるわけです。既判力というのは、一度判断したのだから再度それについての判断はできないというもの、それに対して一事不再理効は、同時処理ができたにもかかわらず、検察官の怠慢で、被告人を２度も３度も辛い立場におくのはよくないという趣旨です。これは二重の危険の禁止の法理といって、憲法39条前段後半、後段の趣旨なわけです。

Ⅳ 救済手続

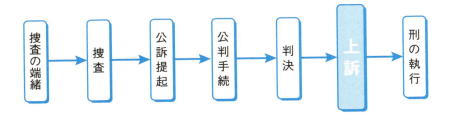

　いったん判決が言い渡されても、その判決が確定する前であれば、更に上級の裁判所に不服申立てをすることができます。これを上訴といいます。上訴には控訴と上告があります。

　そして、有罪が確定すると、それで裁判はおしまいになるのですが、救済手続として、再審や非常上告というのがあります。いったん確定してしまった後でも再審や非常上告という手続があります。もちろん、先に述べたとおり確定する前は控訴や上告という上訴はできますが、上訴とは別の制度で再審とか非常上告というものがあるのです。

　「再審」は、確定判決に対して、主として事実認定の不当を是正するために認められる非常救済手続です（435条以下）。

>>> **第435条**
　再審の請求は、左の場合において、有罪の言渡をした確定判決に対して、その言渡を受けた者の利益のために、これをすることができる。
　１　原判決の証拠となつた証拠書類又は証拠物が確定判決により偽造又は変造であつたことが証明されたとき。
　２　原判決の証拠となつた証言、鑑定、通訳又は翻訳が確定判

キーワード　上訴制度
上訴制度とは、一度判決が言い渡されても、その判決が確定する前であれば、さらに上級の裁判所に不服申立てを許す制度である。最大２回まで許され、結局最初から数えると３回のチャンスがあることになる（三審制）。

182……第５章　裁判

上　訴	←	未確定の裁判に対して 上級裁判所に是正を求める不服申立て
再　審	←	判決の確定後 事実認定の誤りが発見されたことを理由として
非常上告	←	判決の確定後 法令に違反したことを理由として

決により虚偽であつたことが証明されたとき。

　3　有罪の言渡を受けた者を誣告した罪が確定判決により証明されたとき。但し、誣告により有罪の言渡を受けたときに限る。

　4　原判決の証拠となつた裁判が確定裁判により変更されたとき。

　5　特許権、実用新案権、意匠権又は商標権を害した罪により有罪の言渡をした事件について、その権利の無効の審決が確定したとき、又は無効の判決があつたとき。

　6　有罪の言渡を受けた者に対して無罪若しくは免訴を言い渡し、刑の言渡を受けた者に対して刑の免除を言い渡し、又は原判決において認めた罪より軽い罪を認めるべき明らかな証拠をあらたに発見したとき。

　7　原判決に関与した裁判官、原判決の証拠となつた証拠書類の作成に関与した裁判官又は原判決の証拠となつた書面を作成し若しくは供述をした検察官、検察事務官若しくは司法警察職員が被告事件について職務に関する罪を犯したことが確定判決により

キーワード 再審
判決の確定後に事実認定の誤りが発見されたことを理由として行われる非常救済手続をいう。再審は確定判決を対象とする点で、上訴とは区別される。

Ⅳ　救済手続……183

証明されたとき。但し、原判決をする前に裁判官、検察官、検察
事務官又は司法警察職員に対して公訴の提起があつた場合には、
原判決をした裁判所がその事実を知らなかつたときに限る。

「非常上告」は、判決確定後、その事件の審判が法令に違反したことを
理由として、検事総長が最高裁判所に申し立てる非常救済手続をいいます
（454条以下）。

▶▶▶第454条
　検事総長は、判決が確定した後その事件の審判が法令に違反し
たことを発見したときは、最高裁判所に非常上告をすることがで
きる。

上訴と再審、非常上告との違いは、不服とする対象が未確定判決に対し
てか、確定判決に対してか、という点にあります。

前にもお話ししたように、刑事手続は、刑罰権の発動という重大な効果
を伴いますから、慎重にすることは重要です。しかし、いったん時間と労
力をかけて得た結論に対して再度の手続を要求するのですから、それなり
の理由が必要です。簡単に認めたのでは、裁判制度の意味が半減してしま
います。

そこで、法は、このような救済手続の開始のためにはそれぞれ条件をつ
けて絞りをかけています。ここではどのような制度があるのか、というこ
とと、以上述べたようなおおまかなバランス論のようなものを押さえてお
いていただければ十分でしょう。

キーワード 非常上告
判決が確定した後、その事件の審判が法令に違反した
ことを理由として申し立てる非常救済手続をいう。

184……第5章　裁判

DNA型鑑定とえん罪

DNA型鑑定とは、人の細胞内に存在するDNA（デオキシリボ核酸）の塩基配列を鑑定対象として個人識別を行う手法をいいます。DNA型鑑定は非常に高い確率で個人を識別することができる方法として注目され、判例は、MCT118DNA型鑑定について、「本件で証拠の一つとして採用されたいわゆるMCT118DNA型鑑定は、その科学的原理が理論的正確性を有し、具体的な実施方法も、その技術を習得した者により、科学的に信頼される方法で行われたと認められる。したがって、右鑑定の証拠価値については、その後の科学技術の発展により新たに解明された事項等も加味して慎重に検討されるべきであるが、なお、これを証拠として用いることが許される」としました（最決平成12年7月17日）。

後に再審無罪となる足利事件では、当初、女児の下着に付着していた体液のDNA型と菅家さんのDNA型とが一致したことなどから、いったんは無期懲役刑（現拘禁刑）が確定しました。しかし、当時（1991年時点）におけるDNA型鑑定の技術では、別人であっても1000分の1、2の確率でDNA型も血液型も一致する可能性がある程度のものでした。その後DNA型鑑定は飛躍的にその精度が向上し、2009年現在、同じ型の別人が現れる確率は4兆7000億人に1人とされています。足利事件においても、最新技術による再鑑定を繰り返し申し立て、ついには東京高裁においてDNA型の再鑑定が認められ、2010年3月に再審無罪が確定したのです。えん罪を引き起こした一因がDNA型鑑定だったのですが、えん罪を見抜いたのも精度が向上されたDNA型鑑定だったのです。また、2009年の東電OL殺害事件においても、被害女性の遺体や現場に被告人以外の第三者のDNA型が複数残されていることが明らかになり、2012年の再審決定、無罪確定の決め手となりました。また、2023年に再審開始が決まり、翌年の2024年に無罪が確定した袴田事件においても、DNA型鑑定の結果、犯行着衣とされた衣類の血痕が元被告人袴田巌さんとは不一致とされ、捜査当局による証拠捏造を裁判所は認めています。

ただし、忘れてはならないのは、DNA型鑑定はあくまでも型の判定でしかなく、精度がいくら向上したところで犯人を特定することはできないということです。私たちは、DNA型鑑定を過信すれば、再びえん罪の悲劇が生じる危険性があることを、肝に銘じるべきなのです。

Ⅳ　救済手続……185

V　裁判の執行

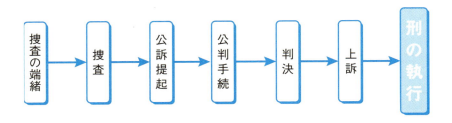

　裁判の効力のところでも触れましたように、裁判が確定すると、いよいよ裁判を執行することになります。

　この裁判の執行は、原則として検察官が指揮して行います。検察官が、そもそも、執行を求めて公訴を提起したのですから当然といえるでしょう。

　なお、死刑については、その性質上更に慎重を期すために、法務大臣の執行命令を待って、検察官が執行を指揮することにしています（475条1項）。

▶▶▶第475条
　死刑の執行は、法務大臣の命令による。
　②　前項の命令は、判決確定の日から6箇月以内にこれをしなければならない。但し、上訴権回復若しくは再審の請求、非常上告又は恩赦の出願若しくは申出がされその手続が終了するまでの期間及び共同被告人であつた者に対する判決が確定するまでの期間は、これをその期間に算入しない。

VI　被害者の保護

　最近の法改正では、被害者の保護やその感情に対する配慮をすべきだ、との要請が高まっていることを受けて、次のような規定が設けられるにいたっています。ただし、被疑者や被告人の権利を保障することと被害者の立場を保護することは決して相反するものではないことを忘れてはなりません。

❶被害者の証人としての地位の保護

　1999（平成11）年の法改正では、まず、裁判長は証人などを尋問する場合において、これらの者を畏怖させたり困惑させる行為がなされるおそれがあり、住所などが特定されると十分な供述ができないときには尋問を制限できることにしました（295条2項）。また、証人などの氏名・住居を相手方に知る機会を与えなければならない場合（299条1項）に、これらの者に対して危害が加えられるおそれがあるときは、検察官または弁護人が、証人などの住居・勤務先などが被告人を含む関係者に知られないようにするための配慮を求めることができるともしています（299条の2）。

　2000（平成12）年の改正でも、証人保護のためのいくつかの規定が新たに設けられました。まず、証人を尋問するときに、証人が不安を感じたり緊張を覚えたりするおそれがある場合には、その不安または緊張を緩和するのに適当な者を証人に付き添わせることができます（157条の4）。次に、証人を尋問する際に、証人が被告人の目の前に出ると圧迫を受け、精神の平穏を著しく害されるおそれがあると認められる場合には、被告人とその証人との間についたてを置いたりして、被告人と証人が対面しなくて済むような措置を採ることができるようになりました（157条の5）。また、一定の性犯罪の被害者を証人として尋問する場合には、映像・音声の中継や

VI　被害者の保護……187

録画を利用した、いわゆる「ビデオリンク」方式による証人尋問ができるようにもなっています（157条の6）。

❷告訴期間の改正

親告罪のうち、強制わいせつ罪（現不同意わいせつ罪）や強姦罪（現不同意性交等罪）などの性犯罪の告訴期間（6か月）の定めも、2000（平成12）年の改正によって撤廃されました。これが撤廃されたのは、性犯罪の被害者は、往々にして深刻な精神的被害を被り、短期間では精神的な打撃から立ち直りにくいため、今までのように告訴期間が制限されていると、しばしば告訴が困難になる場合があることが理解されるようになってきたからです。

さらに、2017（平成29）年の改正では、強制わいせつ罪（現不同意わいせつ罪）、強制性交等罪（現不同意性交等罪）の構成要件そのものの見直しや法定刑の見直しとともに、非親告罪化がなされました。

❸被害者の手続参加

2000（平成12）年の改正では、さらに、被害者の申出があるときは、被害に関する心情その他の被告事件に関する意見の陳述をさせることができるようにしました（292条の2）。これは、被害者が公判で被害に関する心情や、裁判所に対し事件についての意見を述べたいとの希望をもつことがあることから、その希望をくんで設けられた制度です。これにより裁判が被害者の心情や意見をもふまえた上でなされることがより明確となり、被害者をはじめとする、国民の刑事司法に対する信頼がいっそう確保されることが期待されています。また、被害者に一定の範囲で刑事裁判に主体的に関与させることにより、過度の応報感情に走ることを防止しようとする狙いがあるともいわれています。

この点に関しては、検察審査会法の改正もなされています。検察官が事件を不起訴処分にした場合、被害者が、その処分の当否の審査を検察審査会（103頁参照）に申し立てることは以前からできることになっていました。ところが、被害者が死亡した場合の遺族は審査申立権者とされていなかったのです。しかし、遺族も広い意味では被害者ですから、このような扱いが妥当なのかについては疑義のあったところです。そこで、2000（平成12）年の改正で、被害者の遺族にも審査申立権が認められるようになりました（検察審査会法2条2項、30条）。

被害者参加制度

被害者参加制度（刑事訴訟法316条の33以下）は、2008（平成20）年12月1日から導入された制度で、殺人、傷害、自動車運転過失致死傷などの一定の犯罪の被害者などが、裁判所の決定により、公判期日に出席し、被告人に対する質問を行うなど、刑事裁判に直接参加することができる制度です。

導入された背景には、被害を受けた当事者なのに刑事裁判に参加できないのはおかしい、被告人の理不尽な主張に反論もできないのは納得できないといった被害者やその遺族の訴えがありました。

被害者やその遺族から事件を担当する検察官に申出がなされ

ると、検察官は被害者が刑事裁判に参加することに対する意見を付して裁判所に通知します。そして、裁判所は、被告人または弁護人の意見を聴き、犯罪の性質、被告人との関係などを考慮して相当と判断して許可した場合には、被害者は、被害者参加人として刑事裁判に参加できます。

参加した場合、被害者は、公判期日に出席することができ、証拠調べの請求や求刑などの検察官の訴訟活動に関して意見を述べたり、検察官に説明を求めたりすることができます。また、証人に尋問したり、被告人に質問したりすることもできます。

Ⅵ　被害者の保護……189

❹犯罪被害者等証人を保護するための措置

2016（平成28）年の改正では、被害者等証人のために次の3つの措置が設けられました。

第1に、ビデオリンク方式による証人尋問の拡充です。これは、一定の場合において、被告人が在廷する法廷とは別の裁判所との間で「ビデオリンク」方式による証人尋問ができるようにするものです（157条の6第2項）。

第2に、証人の氏名・住居の開示にかかる措置の導入です。これは、加害等のおそれがある場合において、証人の氏名・住居を被告人に知らせない条件を付して弁護人に開示したり、特に必要な場合には、弁護人にも知らせず、代替的な呼称や連絡先を弁護人に開示したりすることができるようになるものです（299条の4）。

第3に、公開の法廷における証人の氏名等の秘匿措置の導入です。これは、加害等のおそれがある場合に、裁判所において、証人等の氏名等を公開の法廷で明らかにしない旨の決定ができるようにするものです（290条の3）。

なお、証人不出頭等の罪や証拠隠滅等の罪の法定刑が引きあげられています（151条、161条、刑法103条、104条、105条の2）。

❺個人特定事項の秘匿措置

2023（令和5）年の刑事訴訟法の改正では、犯罪被害者等の情報を保護するための規定の整備がなされました。すなわち、逮捕手続、勾留手続、起訴状、証拠開示等および裁判書等における個人特定事項の秘匿措置を設けました。

具体的には、性的被害者など一定の者の個人特定事項（氏名および住所その他の個人を特定させることとなる事項）について、たとえば逮捕手続

や勾留手続においては、当該個人特定事項の記載がない逮捕状・勾留状の抄本その他の逮捕状・勾留状に代わるものを被疑者に示す措置をとることができる場合等を定めました（刑事訴訟法201条の2、207条の3）。

❻公訴時効期間の延長

2023（令和5）年の刑法および刑事訴訟法の改正では、近年における性犯罪をめぐる状況にかんがみ、この種の犯罪に適切に対処するため、性犯罪について公訴時効の期間を延長するなどの改正がなされました（250条3項、4項)。

理解度クイズ⑤

1 形式裁判でないものはどれか。

① 公訴棄却

② 免訴判決

③ 無罪判決

2 憲法39条の二重の危険の禁止を根拠とし、「一度有罪の危険にさらされたならば同じ事実では二度と有罪の危険にさらされない」という原則を何というか。

① 公訴棄却

② 公訴事実の同一性

③ 既判力

④ 一罪一逮捕一勾留

⑤ 一事不再理効

3 確定判決に対して、事実認定の不当を是正するための手続はどれか。

① 上訴

② 再審

③ 非常上告

※解答は巻末

……第6章 まとめ

　これまでみてきたように、刑事訴訟法というのは、捜査という部分があるところが、民事訴訟法と違うところですが、まず、刑事訴訟法の目的のところを確認しておいてください。真実発見と人権保障です。この2つの目的をめざし、公判手続の準備段階としての捜査がありました。

　捜査段階のところで、被疑者の身体の確保と証拠の収集が行われます。そして十分な嫌疑が固まると、検察官が起訴をします。この公訴提起、これを国家機関である検察官が独占しています。しかもそのときに検察官は公訴提起するかどうかを自分の判断ですることができます。起訴便宜主義によって起訴猶予処分ということもできます。

　検察官が起訴すると決めると、検察官は起訴状という書面を裁判所に提出するのですが、その起訴状に対しては有罪・無罪の判決、管轄違いの判決、公訴棄却の判決・決定、免訴の判決という全部で5種類の裁判がありました。

　そして、既判力というのは判断した結果として再び起訴できないということで、それ以外に判断していない事柄でも、同時処理の可能性があった、言い換えれば公訴事実の同一性の範囲内の事実については既判力と別に一事不再理効というものが生じます。これは被告人を再び有罪の危険性にさらさないという一種の人権保障の観点からの政策的なものということでした。

　以上のところがおおまかな刑事訴訟の流れです。

　刑事訴訟法は、テレビや新聞のニュースなどに関連するところが出てきますから、これはなんの話かなと考えたり、出てきたときにちょっとこの本の該当頁や条文をみておくということだけでもしてみると、まったく記

……193

憶から飛んでしまう、消えてしまうということはないだろうと思います。

最後に確認のために刑事訴訟法の全体像をもう一度まとめておきます。

❶総説

刑事訴訟法とは、刑法を実現するための手続を定めた法であり、その実現は、「公共の福祉の維持と個人の基本的人権の保障とを全うしつつ」なされることが必要である（1条）。

❷捜査

（1）捜査の意義

「捜査」とは、捜査機関が犯罪が発生したと考えるときに、公訴の提起・遂行のため、犯人を発見・確保し、証拠を収集・保全する行為をいう。

（2）捜査の端緒

捜査が開始されるのは、「犯罪が発生した」、といえる場合であることが必要であり、「犯罪が発生した」ということが明らかになる「きっかけ」（捜査の端緒）としては、

ａ．犯人や被害者の申告・告知による場合（自首、告訴）、

ｂ．第三者の申告・告知による場合（告発、請求）、

ｃ．警察官の活動による場合（職務質問、検視など）、

に大別できる。

（3）捜査の原則

ａ．任意捜査の原則（197条1項）

ｂ．例外・強制処分（197条1項ただし書）

　　Ⅰ　強制処分を規律するもの　①強制処分法定主義
　　　　　　　　　　　　　　　　②令状主義

Ⅱ　現行法上の強制処分　α　身体確保のための強制捜査

　　　　　　　　　　　　　①逮捕

　　　　　　　　　　　　　②勾留

　　　　　　　　　　β　証拠の確保のための強制捜査

　　　　　　　　　　　　　①捜索

　　　　　　　　　　　　　②押収

　　　　　　　　　　　　　③検証

　　　　　　　　　　　　　④鑑定処分

（4）不当捜査に対する被疑者の防御

　　　ａ．被疑者の不当な捜査処分を積極的に争う権利

　　　ｂ．弁護人の助力を得る権利

❸公訴提起

（1）「誰が」―検察官が公訴権を独占（国家起訴独占主義、247条）

（2）「どのような場合に」―起訴便宜主義（248条）

（3）「どのように」―起訴状一本主義（256条1項）

　　　　　　　　　起訴状の記載事項（256条2項）

　　　　　　　　　①被告人の氏名その他被告人を特定するに足りる事
　　　　　　　　　　項（1号）

　　　　　　　　　②公訴事実（2号）

　　　　　　　　　「できる限り」訴因を明示して記載（訴因の特定の
　　　　　　　　　問題）

　　　　　　　　　③罪名（3号）

❹公判手続

（1）審判の対象

　　　ａ．何を立証するのか―訴因（検察官の主張する具体的事実）

195

b．立証の結果食い違いが生じた場合の処理―訴因変更制度（312条）

　　　Ⅰ　食い違いが訴因を変更するほどか（訴因変更の要否）

　　　Ⅱ　変更すべきとして変更を許してよいか（訴因変更の可否）

(2)　訴因の存否の証明

　　 a．どのような事実をどのような証拠で証明するのか（証拠裁判主義、317条）

　　　Ⅰ　刑罰権の存否および範囲に関する事実―証拠能力ある証拠によって、かつ、法の定めた適式な証拠調べ手続を経た証明方法（厳格な証明）による

　　　Ⅱ　その他の事実―自由な証明

　　 b．誰が証明するのか（挙証責任論）―検察官

　　 c．誰がどのように認定するのか

　　　Ⅰ　立証の程度―合理的な疑いを入れない程度（確信をもつ程度）

　　　Ⅱ　認定者―裁判官の自由な心証に委ねる（自由心証主義、318条）

　　　　自由心証主義を担保する制度

　　　　①判決理由に証拠の標目を掲記（335条1項）

　　　　②証拠能力の制限（自白法則、伝聞法則）

　　　　③補強法則

❺裁判

(1)　裁判の意義と種類

(2)　裁判の成立

(3)　裁判の効力

　　 a．執行力

　　 b．既判力

　　 c．一事不再理効

一事不再理効の生ずる範囲—有罪または無罪の判決があった訴因
と公訴事実の同一性のある範囲内の事実全体について生ずる

❻救済手続

（1）上訴
（2）非常救済手段（再審・非常上告）

❼裁判の執行

　どうでしたか。刑事訴訟法の全体像は見えてきたでしょうか。
　手続法特有の煩雑さがちょっと手強かったという方もいると思います。
　ですが、手続法マスターの基本は、最初にお話したとおり繰り返しです
から、できれば本書を何度か読み返してみてください。そして、手続全体
を常に意識できるようになればしめたものです。本書の後は、『入門刑事
手続法　第9版』（三井誠・酒巻匡、有斐閣）をお勧めします。手続法は
手続の全体が見えないとどうしても議論が抽象的になってしまいがちです。
そんなときにこの本は、現実の運用を知るという意味で有効だと思います。
さらに先に進むには、拙著『伊藤真試験対策講座刑事訴訟法　第5版』
（弘文堂）を勧めます。

······197

理解度クイズ⑥

1 捜査とは何か。
① 犯罪者の自白を得ることを終局の目的とする国家の活動
② 犯罪を防止するための一般的防犯活動
③ 被害者の身辺調査
④ 国体維持のための権威維持活動
⑤ 将来の公訴提起・遂行のための捜査機関の準備活動

2 証拠の評価を裁判官の自由な心証に委ねる原則を何というか。
① 司法独立主義
② 法定証拠主義
③ 自由な証明
④ 自由心証主義

3 次のうち誤っているものはどれか。
① 逮捕は令状によるのが原則であるが、例外も認められている
② 現行法は職権主義を原則とし、当事者主義で補完している
③ 検察官が公訴提起の権限を有するが、被害者の意思に左右されることもある
④ 検察官が挙証責任を負うが、例外的に被告人が負うこともある

4 次のうち、現行刑事訴訟法に採用されていないものはどれか。
① 当事者主義
② 強制処分法定主義

③　法定証拠主義

④　起訴便宜主義

⑤　自由心証主義

※解答は巻末

【理解度クイズ①解答】

1　②

2　④

3　①

【理解度クイズ②解答】

1　⑤

2　②

3　⑤

4　③

【理解度クイズ③解答】

1　③

2　④

3　③

【理解度クイズ④解答】

1　③

2　②

3　③

4　③

5　③

【理解度クイズ⑤解答】

1　③

2　⑤

3　②

【理解度クイズ⑥解答】

1　⑤

2　④

3　②

4　③

伊藤　真（いとう・まこと）

[略歴]
1958年　東京生まれ。　1981年　司法試験に合格後、司法試験等の受験指導に携わる。
1982年　東京大学法学部卒業後、司法研修所入所。　1984年　弁護士登録。
1995年　15年間の司法試験等の受験指導のキャリアを活かし、合格後、どのような法律家になるかを視野に入れた受験指導を理念とする「伊藤真の司法試験塾」（その後、「伊藤塾」に改称）を開塾。伊藤塾以外でも、大学での講義（慶應義塾大学大学院講師を務める）、代々木ゼミナールの教養講座講師、日経ビジネススクール講師、全国各地の司法書士会、税理士会、行政書士会等の研修講師も務める。
　　　現在は、予備試験を含む司法試験や法科大学院入試のみならず、法律科目のある資格試験や公務員試験を目指す人達の受験指導をしつつ、一人一票実現国民会議の事務局長として一票の価値実現をめざす等、社会的問題にも取り組んでいる。
　　　（一人一票実現国民会議 URL：https://www2.ippyo.org）

[主な著書]
『伊藤真の入門シリーズ「法学入門」、「憲法〜刑事訴訟法」』（全8巻、日本評論社）
　＊伊藤真の入門シリーズ第3版（全6巻）は韓国版もある。
『伊藤塾合格セレクション　司法試験・予備試験　短答式過去問題集』（全7巻、日本評論社）、『伊藤真試験対策講座』（全15巻、弘文堂）、『伊藤真ファーストトラックシリーズ』（全7巻、弘文堂）、『中高生のための憲法教室』（岩波ジュニア新書）、『なりたくない人のための裁判員入門』（幻冬舎新書）、『夢をかなえる勉強法』（サンマーク出版）、『憲法問題』（PHP新書）、『憲法は誰のもの？』（岩波ブックレット）、『あなたこそたからもの』（大月書店）等多数。

伊藤塾　東京都渋谷区桜丘町17-5　03(3780)1717
　　　　https://www.itojuku.co.jp/

伊藤　真の刑事訴訟法入門 第6版──講義再現版

● ──1998年 9月30日　第1版第1刷発行
● ──2002年 3月30日　第2版第1刷発行
● ──2005年10月10日　第3版第1刷発行
● ──2010年 3月15日　第4版第1刷発行
● ──2016年 7月30日　第5版第1刷発行
● ──2024年12月30日　第6版第1刷発行

著　者──伊藤真
発行所──株式会社　日本評論社
　　　　〒170-8474 東京都豊島区南大塚3-12-4
　　　　電話03-3987-8621（販売）──8631（編集）　振替 00100-3-16
印刷所──精文堂印刷株式会社
製本所──株式会社難波製本
検印省略 © 2024 M. ITOH
装幀／清水良洋　カバーイラスト・本文イラスト・図／佐の佳子
Printed in Japan
ISBN 978-4-535-52827-7

JCOPY 〈(社)出版者著作権管理機構　委託出版物〉
本書の無断複写は著作権法上での例外を除き禁じられています。複写される場合は、そのつど事前に、(社)出版者著作権管理機構（電話 03-5244-5088、FAX 03-5244-5089、e-mail：info@jcopy.or.jp）の許諾を得てください。また、本書を代行業者等の第三者に依頼してスキャニング等の行為によりデジタル化することは、個人や家庭内の利用であっても、一切認められておりません。

［伊藤塾］塾長

伊藤真の法律入門シリーズ

司法試験受験指導で著名な著者が、初めて書き下ろした画期的な法律入門書。司法試験受験生はもちろん、法律学を学ぼうとする人すべてに贈る。読みながら著者の熱意ある講義を体感できる新しいスタイル。　※すべてA5判

伊藤 真の 法学入門 【第2版】講義再現版
伊藤 真／著　ISBN978-4-535-52715-7
法学を学ぼうと思う人や資格試験受験者等に学ぶ意義から法の理念、目的、解釈など基本的事柄を丁寧に解説した定番入門書の改訂版。　◆定価1760円（税込）

伊藤 真の 憲法入門 【第7版】講義再現版
伊藤 真／著　ISBN978-4-535-52698-3
定番の憲法入門書の最新版。コロナ禍での政治・人権問題、憲法9条「改正」の動きなどの新たな憲法をめぐる状況を踏まえて改訂。　◆定価1980円（税込）

伊藤 真の 行政法入門 【第3版】講義再現版
伊藤 真／著　ISBN978-4-535-52605-1
行政法理論の基礎を行政に関わる法律の全体像と趣旨、内容通じて簡潔に解説。最新の法改正、判例を踏まえて改訂。　◆定価1870円（税込）

伊藤 真の 民法入門 【第8版】講義再現版
伊藤 真／著　ISBN978-4-535-52787-4
初学者、資格試験受験者、ビジネスパーソンに圧倒的支持のある民法入門書の最新版。2023年4月施行の物権法改正を織り込み最新の話題に刷新。　◆定価1980円（税込）

伊藤 真の 刑法入門 【第7版】講義再現版
伊藤 真／著　ISBN978-4-535-52783-6
2022年刑法改正、2023年刑訴法改正に対応。刑法を体系的に理解できる、定番の刑法入門書の最新版。　◆定価1980円（税込）

伊藤 真の 会社法入門 講義再現版
伊藤 真／著　ISBN978-4-535-52449-1
資格試験や会社において必要不可欠な会社法の全体像を丁寧かつわかりやすく解説。『商法入門』の後継書。　◆定価1870円（税込）

伊藤 真の 民事訴訟法入門 【第6版】講義再現版
伊藤 真／著　ISBN978-4-535-52784-3
2022年の民事訴訟法改正の内容を組み込んだ、定番の入門書の最新版。複雑な手続の流れと基礎知識を丁寧に解説。　◆定価1980円（税込）

伊藤 真の 刑事訴訟法入門 【第6版】講義再現版
伊藤 真／著　ISBN978-4-535-52827-7
憲法的刑事訴訟法の理念を基礎にした定番の入門書の改訂版。令和5年改正を踏まえ、新しい重要問題もコラムでわかりやすく解説。　◆定価1980円（税込）

本シリーズは電子書籍（kindle版）もあります。

日本評論社
https://www.nippyo.co.jp/